La beauté au naturel

Sidra Shaukat

La beauté au naturel

Adapté par l'Atelier Brigitte Arnaud
Traduit de l'anglais par Irène Lassus

Les guides essentiels

Titre original :
NATURAL BEAUTY
THE NATURAL APPROACH TO SKIN & BODY CARE
First published in Great Britain in 1992
by Element Books Limited, Shaftesbury, Dorset

Sommaire

Remerciements

Je remercie du fond du cœur Christine Wildwood qui m'a permis d'utiliser la recette de sa crème hydratante et certaines des illustrations de son livre *L'aromathérapie* de la collection Guides essentiels, également paru aux Éditions J'ai lu.

Je remercie aussi ceux de mes amis qui m'ont donné des recettes et conseillé des traitements qui ont enrichi mon travail.

Et surtout je voudrais remercier ma famille pour son soutien et ses encouragements tout au long de l'ouvrage.

Introduction

Avant d'aborder les soins du visage et du corps d'un point de vue holistique, c'est-à-dire global, j'étais ce que l'on appelle une fana de beauté. Je dépensais des milliers de francs à expérimenter tous les produits nouveaux. Je prenais des cours de maquillage spécialisé en photo de mode, et justifiais ainsi la nécessité de posséder un équipement complet. Seuls les produits les plus prestigieux et les plus onéreux convenaient dans ce domaine hautement compétitif.

Alors que je me préparais à partir en vacances dans mon pays natal, le Pakistan, je remis tout en cause. J'aime voyager léger et, en préparant ma trousse de maquillage, je réalisais qu'en emportant le strict nécessaire, beaucoup de mes produits devenaient superflus et relevaient du simple gaspillage : d'argent, de ressources (celles de la terre) et d'espace. Les emballages représentent environ 10 % du prix du produit, ainsi, à chaque achat, je jetais littéralement l'argent par les fenêtres. De plus les produits sont à base de composants chimiques qui ont subi des traitements complexes, et peuvent être nocifs et allergènes. Je jetais tout à la poubelle, décidée à ne plus utiliser que des produits naturels.

Pendant mon séjour au Pakistan je remarquais que tout le monde, y compris ma famille et mes amis, était superbe. Ils avaient des peaux et des dents parfaites, des cheveux brillants et des yeux étincelants. Ils n'utilisaient pourtant pas de crèmes hydratantes et traitantes onéreuses, d'ailleurs introuvables chez eux, et ne fréquentaient pas les instituts de beauté ! Ils n'avaient pas accès à des produits compliqués et étaient pourtant beaux.

J'en vins à la conclusion que la beauté n'est pas une question de sophistication ni d'argent, et que les produits et les méthodes simples sont les plus efficaces.

Après mes vacances, je détestais de plus en plus les produits du commerce. J'étais déterminée à trouver des produits naturels aussi efficaces que les produits chimiques les plus chers. Je commençais à étudier les anciennes recettes utilisées par mes parents et grands-parents, qui avaient résisté à l'épreuve du temps. J'ai la chance d'être originaire d'une famille de Lahore au Pakistan. C'est une ville, prospère et animée, possédant un riche héritage multiculturel, qui a transmis tout un patrimoine de produits de beauté ayant fait leurs preuves.

Lorsque j'étais enfant, ma mère me massait le cuir chevelu avec de l'huile d'olive ou de noix de coco, et je pense que mon abondante chevelure me vient de là. J'ai souvent utilisé du dhandasa, un dentifrice naturel extrait de l'écorce d'un arbre. On le mâche puis on le rince. Le masque traditionnel à base de safran et de yaourt que l'on applique sur le visage de la mariée pour purifier sa peau avant la cérémonie est très efficace s'il est utilisé de façon hebdomadaire. Toute ma famille a pratiqué des massages pour soulager les tensions de la vie quotidienne.

Ajoutez à cela des aliments frais, diététiques et naturels, et je crois que, dans ce domaine, ma grand-mère était experte ! Je connaissais également les vertus des fruits, des légumes, des herbes et d'un certain nombre de produits ménagers de base. J'eus envie de mettre toutes ces idées en pratique et de voir si toutes ces recettes fonctionnaient. Alors que j'en expérimentais certaines, chemin faisant, j'en inventais d'autres.

Je fus tellement impressionnée par l'efficacité de ces produits naturels, bon marché, que je décidais de les partager avec tout le monde en écrivant ce livre. La liste des produits indispensables comprend des ingrédients présents dans chaque maison. Faites-vous plaisir en utilisant les produits simples et naturels cités dans ce livre, ils vous rendront plus belle et plus sûre de vous. En appliquant les recettes contenues dans l'ouvrage, vous gagnerez du temps et de l'argent. Vous éviterez de longues et inutiles visites dans les magasins, et vous utiliserez, sans risque de réactions hostiles, des produits entièrement naturels. Essayez et amusez-vous !

1
Pour une approche naturelle de la beauté et de la santé

J'insiste dans ce livre sur une approche naturelle, globale de la beauté. Cette approche globale ou holistique prend en compte la personne tout entière; et englobe la raison, le corps et l'esprit, sur la base d'une interaction permanente. Les traitements de beauté conventionnels ont tendance à se focaliser sur un seul problème – une ride par exemple. Mais cette pratique fut déjà contredite par le philosophe grec Platon : « La guérison de la partie ne devrait pas être entreprise sans le traitement du tout. »

Ce livre cherche à suivre l'enseignement des principes de Platon en ce qui concerne les soins du visage et du corps tout en prenant en compte la pensée et l'esprit. Ce n'est qu'en considérant tous ces aspects que l'on peut atteindre le bien-être et briller de cet éclat qui est le signe de la bonne santé et de la vitalité.

De nombreux livres ne s'intéressent qu'à des traitements isolés, compliqués, chers et longs à mettre en œuvre. Ils préconisent des produits testés sur des animaux et contiennent des sous-produits d'origine animale (les excédents des abattoirs) qui peuvent produire des allergies et des réactions sensibles. Même les quelques livres disponibles traitant de la beauté naturelle utilisent des ingrédients chers et difficiles à trouver, ainsi que des méthodes de fabrication compliquées.

Ici nous n'utilisons que des ingrédients simples, que vous possédez pour la plupart chez vous – des fruits, du sel, du sucre par exemple – afin de réduire les dépenses et les complications. Il va sans dire que les produits n'ont pas été testés sur les animaux, qu'ils sont naturels et sans traitements chimiques.

Les traitements que nous décrivons sont faits pour tous, sans distinction d'âge, de sexe, de race, de classe ou de culture. Les hommes qui prennent progressivement conscience de la nécessité de prendre soin d'eux-mêmes trouveront certains des conseils très utiles, surtout lorsque l'on sait que la plupart des produits du commerce réservés aux hommes sont exactement les mêmes que ceux qui sont destinés aux femmes, avec des emballages différents.

Ce livre est facile à utiliser. Il est facile à comprendre et à suivre : les traitements et les techniques sont aisés à mettre en œuvre et les instructions sont claires et concises. Même les enfants s'amuseront à fabriquer certains des produits, comme les masques faciaux à base de fruits. Les produits utilisés sont frais, pour optimiser l'efficacité des enzymes des fruits comme les ananas et le citron, qu'il faut utiliser rapidement. De plus comme les produits sont fabriqués à la demande, vous n'en préparez que le strict nécessaire et évitez ainsi les problèmes d'excédents et de conservation.

Mes produits de beauté peuvent remplacer la majorité des produits du commerce et donnent des résultats équivalents ou supérieurs. Souvenez-vous que, parce que ces produits sont naturels, ils fonctionnent en harmonie avec le corps, diminuant ou supprimant ainsi les réactions négatives. Vous pouvez néanmoins rester attachés à certains de vos anciens produits si vous le souhaitez, en ne remplaçant que certains d'entre eux par des produits naturels. Faites comme vous le sentez.

Certains des traitements sont vieux de plusieurs siècles et n'ont donc pas été testés sur des animaux. Certaines entreprises qui prétendent être contre les tests sur les animaux utilisent pourtant des ingrédients qui, eux, l'ont été. Comme vous n'utiliserez que des produits biologiques n'ayant subi aucune manipulation, vous pouvez être assuré qu'aucun animal n'a souffert.

Les végétariens peuvent utiliser ces produits en toute confiance car ils ne contiennent pas, contrairement à certains produits du commerce des sous-produits ou des dérivés d'origine animale. Les végétariens peuvent utiliser la plupart des produits sauf ceux qui contiennent des œufs. Comme tous les ingrédients sont clairement indiqués, les végétariens peuvent éliminer sans difficulté ceux qui ne leur conviennent pas.

Les religions comme l'islam, le judaïsme et l'hindouisme imposent des restrictions alimentaires qui s'appliquent aux cosmétiques. Comme la plupart des produits du commerce ne précisent pas leurs ingrédients, les personnes qui pratiquent ces religions ne savent pas s'ils contiennent des sous-produits provenant d'animaux interdits. Les préparations des soins de beauté de ma méthode globale répertorient tous les ingrédients, ils peuvent donc être utilisés en toute confiance par les adeptes de ces religions.

Avant de continuer, examinons les ingrédients que nous utiliserons tout au long du livre.

Les ingrédients indispensables

Pour une approche globale des soins de la peau et du corps, les ingrédients suivants vous seront indispensables. Vous en possédez d'ailleurs déjà un grand nombre.

Huile de paraffine
Talc
Bicarbonate de soude
Concombre
Œufs
Miel
Citron
Lait
Farine d'avoine
Huile d'olive
Vaseline
Pommes de terre
Sel
Fraises
Sucre
Thé en sachets
Huile végétale
Eau
Farine complète
Yaourt

Ingrédients naturels nécessaires pour une approche globale de la beauté et de la santé.

Amandes Les exfoliants et les masques à base d'amandes aident à éliminer les imperfections, points noirs et pores dilatés. Les crèmes à base d'amandes hydratent les peaux desséchées et abîmées par le soleil.

Pommes Elles sont l'un des plus vieux remèdes de beauté et servent de base aux crèmes de soin pour le visage et les mains, pour rincer les cheveux, tonifier la peau et faire des masques. Peu de germes résistent au jus de pomme.

Abricots Les abricots sont riches en vitamine A, entrant dans la composition des masques faciaux et des huiles pour le corps. L'huile aide à la suppression des rides et des vergetures.

Avocats Les avocats contiennent de la vitamine A et B, des protéines et huiles naturelles, de la lécithine (indispensable aux cheveux secs et endommagés). Ils entrent dans la composition des crèmes et masques.

Bananes Riches en vitamine A et potassium (les germes ne survivent pas en sa présence), les bananes conviennent aux masques purifiants et au traitement des cheveux.

Son Utilisé en exfoliant, les minuscules particules de son légèrement abrasives pénètrent profondément dans les pores, suppriment la crasse, la graisse et les cellules mortes.

Carottes En raison de la vitamine A qu'elles contiennent, les carottes sont indispensables à une peau en bonne santé. En quantité modérée, le jus de carotte est excellent pour les yeux et les cheveux ainsi que pour le teint, il soigne et prévient les boutons.

Concombres Utilisés en masques faciaux, ils resserrent les pores dilatés et soignent les peaux grasses. Ils soignent et soulagent les coups de soleil.

Œufs Les blancs d'œufs sont astringents et tendent la peau, ce qui en fait un excellent ingrédient pour les masques et les crèmes. Les jaunes d'œufs sont riches en protéines et entrent dans la composition des crèmes hydratantes pour les peaux sèches. Les œufs entiers permettent de nourrir et enrichir les follicules des cheveux en leur donnant brillance et épaisseur.

Lavande Ses vertus antiseptiques en font un excellent bain de bouche. Elle permet aussi de parfumer l'eau du bain et remet en beauté.

Citron Le citron rétablit l'équilibre de la peau perturbé par les lavages quotidiens. Le jus de citron pur a un effet desséchant qui le rend efficace sur les peaux grasses. Les personnes à peau sèche doivent l'utiliser avec parcimonie. Les rinçages à l'eau de citron conviennent aux cheveux blonds.

Lait Le lait riche en protéines, calcium et vitamines est rapidement absorbé par la peau et la laisse douce. Il entre dans la composition des laits nettoyants, des masques et des démaquillants. On peut l'ajouter à l'eau du bain.

Flocons d'avoine Les flocons d'avoine fins et doux forment des exfoliants très efficaces aussi bien en crème qu'en masque. Ils laissent la peau douce et propre.

Huile d'olive Elle absorbe les rayons ultraviolets et forme une excellente protection contre le soleil. Elle favorise le bronzage. Elle permet aussi de soigner les cheveux abîmés, les peaux desséchées et les ongles mous.

Pomme de terre C'est un produit à usages multiples qui sert à nettoyer les peaux normales à grasses. Sa douceur permet de l'appliquer sur les yeux gonflés et les peaux brûlées par le soleil.

Sel C'est un nettoyant puissant, il entre dans la composition des dentifrices et des bains de bouche. C'est un bon exfoliant et mélangé à l'eau du bain, il devient un excellent tonique.

Fraises Elles entrent dans la composition des masques. Lorsqu'on les mange crues, elles nettoient les dents grâce à leur forte teneur en pectine.

Yaourt Les acides contenus dans le yaourt tuent toutes les bactéries présentes sur la peau, ce qui le rend indispensable aux peaux sujettes aux imperfections. Il forme un excellent après-shampooing et soigne les cuirs chevelus secs et desquamés.

Le prix de la beauté

Si vous additionnez toutes vos dépenses de beauté, vous comprendrez tous les bénéfices que vous pouvez retirer de ce livre, également du point de vue financier.

Les dépenses annuelles de l'industrie des régimes se montent à environ 320 milliards de francs et 280 milliards pour les cosmétiques, dont 40 milliards sont exclusivement dépensés pour le maquillage et 1 milliard pour les seuls rouges à lèvres ! Une Britannique moyenne dépense 800 francs par an en maquillage, et ces chiffres sont plus élevés en Europe continentale et aux États-Unis.

Certains pensent que les femmes consacrent toutes ces sommes à leur beauté car la société attend d'elles une certaine conformité à un idéal. On a également laissé entendre que l'égalité des chances a donné aux femmes tant de pouvoir que les hommes ont trouvé un seul moyen de les maintenir à leur place : les persuader (en grande partie grâce à la publicité) que la société souhaite cette conformité à un idéal féminin totalement irréaliste.

Les soins que nous proposons dans ce livre sont conçus pour que vous vous sentiez bien. Ceci ne signifie pas que vous devez vous transformer en esclave de beauté. Nous insistons plutôt sur l'amélioration du bien-être général et de la confiance en soi, pour que vous renvoyiez la meilleure image possible. Et tout cela pour un minimum de dépenses et de gaspillage, avec la sensation d'être en harmonie avec la nature.

À la recherche de la beauté

Lorsque vous vous trouvez devant les rayons des cosmétiques d'un grand magasin, demandez-vous pourquoi vous achetez tel ou tel produit. Ce n'est qu'en formulant vos motivations pour chaque achat que vous pourrez éviter le superflu et les dépenses inutiles. Vous avez peut-être pensé : « si j'achète le produit le plus cher, il sera d'autant plus efficace », « je prends soins de moi et j'aime bien dépenser de l'argent pour cela », « cette femme est belle parce qu'elle dépense tant d'argent dans ce seul objectif », « les produits les plus chers sont des symboles sociaux », « j'ai adoré l'emballage », « la jeune femme de la pub est si jolie parce qu'elle utilise ces produits, si je fais comme elle, je serai tout aussi jolie », « c'est un produit de pointe totalement révolutionnaire », « toutes mes amies l'ont, pourquoi pas moi, je travaille beaucoup, je peux bien m'accorder un peu de luxe », « il me faut absolument cette teinte de rouge à lèvres », « il me faut absolument un masque purifiant et exfoliant, un autre hydratant ainsi qu'un tonique et un démaquillant ! »

Les fabricants de cosmétiques ont étudié la psychologie des femmes lorsqu'elles achètent des produits de beauté et ont sondé leurs motivations lorsqu'elles achètent des produits chers. Ils créent quelquefois des besoins qui n'existent pas ou rendent un produit existant plus pointu. Demandez-vous si l'accumulation de masques et produits différents est absolument indispensable.

Vos raisons d'acheter des produits de beauté sont souvent irrationnelles. Vous pensez qu'un produit fera de l'effet dans votre salle de bains ou vous êtes intriguée par une nouveauté, une couleur nouvelle, un produit deux en un, ou une formule nouvelle. Vous pouvez avoir envie d'impressionner vos amis avec votre dernière crème ou de les épater avec un produit original.

Je ne vous propose pas d'arrêter d'acheter tous les produits du commerce, mais simplement de vous arrêter un instant et de réfléchir aux raisons de vos achats. Il existe bien sûr quelques produits qui représentent de réels progrès – les nouveaux compacts fonds de teint et poudre deux en un sont très efficaces, permettent de faire des économies et sont légers à transporter. Mais tout le reste ?

Évitez, par exemple, les dernières crèmes antirides. De nombreux médecins et dermatologues ont reconnu qu'elles étaient totalement inefficaces. La plupart des rides sont dues à l'exposition au soleil, donc si la crème antirides contient des filtres UVA/UVB destinés à protéger des rayons néfastes du soleil, les filtres seuls peuvent faire l'affaire. Comme nous le verrons au chapitre 2, les crèmes pour le visage ne pénètrent que les couches superficielles de la peau – elles ont un effet de lissage et accentuent l'hydratation en surface. En conclusion les produits qui prétendent modifier la structure de la peau de façon radicale donnent de faux espoirs. Certaines crèmes contiennent des produits complexes et inhabituels. Le placenta de vache par exemple provoque des allergies et des réactions indésirables chez certains sujets. Les soins naturels que nous proposons donnent le même résultat, sinon meilleur, sans effets secondaires ni réactions désagréables.

Les discours des vendeuses sont quelquefois convaincants et vous poussent à acheter davantage que nécessaire, à payer avec votre carte de crédit et à vous retrouver avec une facture énorme. Pour éviter ce piège, notez ce qu'il vous faut avant de faire les courses. Tenez-vous à cette liste pendant que vous faites vos achats. Apprenez à dire non aux vendeuses intimidantes qui règnent sur les rayons beauté et évitez les achats inutiles et onéreux. Ne pensez pas que vous vous ridiculisez, vous ne la reverrez sûrement jamais. Vous gagnerez du temps, réduirez le gaspillage et les excès, jetterez moins d'emballages inutiles et surtout gagnerez une belle somme d'argent dans l'opération.

Des soins pour toute la famille

Appliquez nos conseils de façon quotidienne, jusqu'à devenir une routine pour vous et toute votre famille. Pensez que ce livre est fait pour tous. En faisant leurs achats, vous pouvez les influencer et les convaincre d'essayer les produits naturels que nous préconisons plutôt que leurs produits habituels. Essayez pendant une semaine et vous aurez rapidement de nouveaux adeptes de l'approche globale des soins du visage et du corps.

Notre intention n'est pas de forcer les autres membres de la famille mais de les persuader en douceur. Par exemple si vos enfants vous voient faire un masque de fruits frais, il y a de fortes chances pour qu'ils aient envie d'essayer cette « potion magique ».

Laissez traîner le livre dans le salon, à la disposition des hommes, des adolescents et des enfants. Pendant le week-end, organisez une journée de santé au cours de laquelle vous ne pratiquerez que des soins naturels. Voici quelques-uns des soins adaptés au reste de la famille.

Bébés Massez en douceur les pieds et tout le corps pour détendre le bébé. Donnez un bain de lait et rincez pour garder la peau douce et souple.

Jeunes enfants Ils adorent les massages du cuir chevelu avec de l'huile d'olive ou de noix de coco. Lorsqu'ils seront grands, leurs cheveux seront épais et en bonne santé. Essayez de les convaincre de se rincer la bouche avec de l'eau salée tiède après avoir mangé des sucreries.

Adolescents Essayez les masques purifiants à base de fruits, comme le pamplemousse et le citron, cités dans le chapitre des soins hebdomadaires. Les masques à base de yaourt permettent également de soigner les peaux grasses. Les bains de vapeur hebdomadaires aident à éclaircir les teints brouillés.

Les hommes Les masques, dans le chapitre des soins hebdomadaires, leur conviennent parfaitement. En appliquant du lait à la place d'un après-rasage, et en le rinçant soigneusement, leur peau ne piquera plus mais deviendra douce et souple. Ils devraient également essayer les soins des cheveux et masser leur cuir chevelu pour éviter la chute des cheveux.

Des cosmétiques respectueux de l'environnement

Les médias ont considérablement donné la parole aux problèmes d'environnement et les termes « écologie » et « environnement » sont devenus les mots à la mode, dans les années 1990. On s'occupe de recycler le papier et l'on s'interroge sur les produits chimiques néfastes à l'environnement, contenus dans les produits ménagers. Il est étonnant que cette tendance n'ait pas encore touché les grandes sociétés productrices de cosmétiques.

Cette industrie qui pèse des milliards de francs consomme une part considérable des ressources mondiales, pourtant peu de personnes s'interrogent sur son gaspillage. Les sociétés de cosmétiques dépensent des sommes considérables pour assurer l'image de leurs produits. Pensez aux dépliants luxueux sur papier glacé, aux emballages sophistiqués, aux flacons et fioles hors de prix, sans mentionner les ressources énormes nécessaires pour produire leur contenu, simplement pour vous satisfaire, vous, consommateurs occidentaux exigeants.

Afin d'illustrer ce gaspillage de temps, d'argent, d'espace et de ressources et pour vous montrer combien l'industrie des cosmétiques est peu respectueuse de l'environnement, imaginez-vous dans le scénario suivant. Vous vous trouvez à court de vos produits préférés. Considérez combien votre vie est vide sans eux (vous êtes accro), alors vous foncez chez le pharmacien dans un état de panique totale. Vous utilisez de l'essence pour y aller, ce faisant vous gaspillez de l'argent et, pire, vous produisez du dioxyde de carbone et du plomb qui polluent l'air. Votre déplacement vous fait perdre du temps. Le pharmacien mettra vos achats dans un sac en papier, ou même en matière plastique. Pour les descriptifs des produits, on a utilisé du papier et de l'encre. À la maison, vous jetterez le sac en papier ou en plastique, ainsi que les emballages (pour lesquels il a fallu abattre des arbres et produire de l'encre d'impression). Comme l'emballage coûte environ 10 % du prix total, vous aurez jeté de l'argent et dilapidé une partie des ressources de la terre.

Puis viennent les flacons et les pots contenant le produit. Certains d'entre eux peuvent être jetés immédiatement, d'autres lorsqu'ils sont vides. Ces pots sont fabriqués avec des procédés onéreux, qui consomment de l'énergie et des produits chimiques.

Parlons maintenant du contenu. Il aura peut-être coûté moins cher que le pot qui le contient ! La formule des produits est sans conteste le résultat de recherches longues et onéreuses qui auront gaspillé quantité de matières premières. Puis le produit a été élaboré grâce à des procédés complexes qui utilisent de l'énergie, des produits chimiques et peu de matière première. Chaque étape de la fabrication implique des processus industriels complexes avant d'arriver au résultat final.

Le contenu a probablement été testé sur des animaux, ce qui a pu provoquer des souffrances et même la mort. Même les sociétés qui prétendent ne pas se servir d'animaux pour leurs tests ne peuvent prouver qu'ils n'en utilisent pas pour leurs expériences. Mais l'utilisation des animaux est un autre problème. Nous nous contenterons de celui du gaspillage.

Des tissus et/ou des protéines d'origine animale peuvent avoir été utilisés, peut-être des sous-produits issus des abattoirs, qui auront nécessité de nouveaux traitements chimiques et, par voie de conséquence, un gaspillage de ressources. Les sociétés qui prétendent que leurs produits sont écologiques utilisent néanmoins des ressources naturelles pour fabriquer les produits et les emballages.

L'alternative réside dans une approche globale. En choisissant les recettes de ce livre vous empêcherez le gaspillage des ressources de la planète. Elles n'utilisent que des ingrédients simples, que vous possédez déjà. Vous réduirez ainsi vos dépenses et éviterez tous les effets indésirables. Il faut peu de temps pour les préparer, elles ne coûtent presque rien, sont complètement naturelles, ne contiennent aucun tissu d'origine animale et ne sont pas testées sur les animaux ! C'est ce que j'appelle respectueux de l'environnement.

2
Le guide de la beauté

La peau

Avoir une peau belle douce et souple est un atout majeur. Mais la peau est également un organe essentiel, possédant plusieurs fonctions. Elle est l'organe le plus important en taille puisqu'elle couvre environ 2 m^2 et pèse entre 2,5 et 3,5 kg. La peau protège les organes et les muscles vitaux du corps, ainsi que les organes sensoriels contenus dans la tête, comme les yeux. Elle régule la température du corps, augmente la transpiration lorsque nous avons trop chaud, fait se dresser les poils ou apparaître la chair de poule lorsque nous avons froid. La peau élimine les déchets par l'intermédiaire des glandes sudoripares et joue ainsi un rôle de dépuration.

La couche supérieure, l'épiderme, est constamment renouvelée, car les cellules mortes sont éliminées et remplacées. La peau se régénère ainsi complètement toutes les trois ou quatre semaines, mais ce processus se ralentit avec le vieillissement. Il entretient la fermeté et la souplesse de la couche supérieure de l'épiderme. Celui-ci est particulièrement fin autour des yeux (d'où la nécessité de soins spéciaux) et épais sur la plante des pieds et dans la paume des mains. La couche superficielle ou couche cornée est composée d'écailles de cellules mortes qui se chevauchent et donnent à la peau son aspect doux et brillant. Les crèmes exfoliantes accélèrent le renouvellement de cette couche, c'est pourquoi notre peau paraît si douce après un gommage.

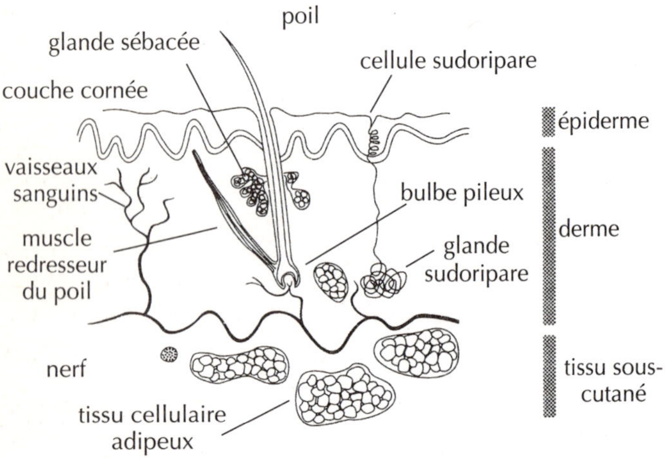

Fig. 1 – Coupe de la peau
(de haut en bas, à gauche puis à droite)

La peau joue le rôle d'un gilet de sauvetage qui protège des agressions externes et empêche la déshydratation interne. Le sébum est un hydratant naturel du corps, sécrété par les glandes sébacées. Lorsqu'il se combine avec l'humidité libérée par les cellules de l'épiderme, il se forme une couche légèrement acide (dont le pH est autour de 5) sur la peau qui la protège des germes et des bactéries. Les savons durs, en général alcalins, les astringents et les démaquillants peuvent attaquer cette couche protectrice, exposant ainsi la peau aux infections et la rendant plus sensible.

La peau contient également des mélanocytes, qui produisent de la mélanine, un pigment brun qui donne à la peau sa couleur. La mélanine absorbe les rayons ultraviolets et agit comme un écran solaire naturel. Plus la peau est exposée au soleil, plus elle contient de mélanine et moins ses couches inférieures sont sensibles aux rayons ultraviolets. C'est pourquoi il est indispensable de vous protéger avec des crèmes.

Sous l'épiderme se trouve le derme, qui contient des tissus vitaux, le collagène et l'élastine, qui gardent à la peau sa jeunesse. Ces fibres jouent le rôle d'un élastique et permettent à la peau de bouger tout en gardant sa forme. Lorsque ces fibres deviennent dures, la peau perd son élasticité et prend l'apparence d'une peau âgée. Le derme contient des vaisseaux sanguins qui fournissent l'oxygène aux cellules de la peau, et des vaisseaux lymphatiques qui éliminent les déchets. Les glandes et canaux sudoripares jouent le rôle de régulateurs de la température en produisant la transpiration qui rafraîchit le corps. Les bulbes pileux avec les glandes sébacées et les muscles redresseurs du poil aident le corps à se réchauffer lorsqu'il est exposé au froid.

Dans le derme se trouvent également des terminaisons nerveuses sensibles aux modifications de l'environnement, qui déclenchent les réponses appropriées dans le cerveau. Les sensations de chaud, de froid et du toucher sont décelées par des terminaisons nerveuses – par exemple, si vous attrapez un objet chaud, vous le lâchez immédiatement.

La couche la plus profonde de la peau est formée par le tissu sous-cutané qui contient des tissus conjonctifs et des cellules adipeuses qui protègent le corps et le maintiennent au chaud. Cette couche varie en épaisseur : elle est fine sur le nez mais épaisse sur les fesses. Elle est différente selon les sexes, les hanches et les cuisses des femmes sont plus importantes que celles des hommes.

Cette couche agit comme une réserve d'énergie qui est sollicitée pendant les périodes de famine, de maladie, pendant les régimes draconiens et les exercices physiques prolongés. Elle sépare le derme des muscles et des organes, et nous permet de bouger librement.

Comment analyser votre type de peau

Les types de peaux différents répertoriés par les fabricants de cosmétiques ont de quoi troubler – normale, sèche, sensible, grasse, mixte. À quelle catégorie appartenez-vous ? Cela dépend en grande partie des facteurs suivants qui sont indépendants de votre volonté.

L'hérédité En même temps que de vos cheveux et de vos yeux, vous avez hérité de l'un de vos parents, d'un type de peau. Ainsi si votre mère a une jolie peau, vous avez quelques chances d'en bénéficier également !

Le climat Les habitants des climats chauds et secs ont besoin de peaux grasses sécrétant du sébum (l'huile naturelle de la peau) pour la nourrir et la protéger. C'est pourquoi les peaux de type afrocaraïbe sont plus grasses que les Européennes. Sous les climats frais et humides, prédominent les peaux fines et translucides dont l'archétype est le « teint de rose » anglais. Mais elles ont tendance à devenir sèches.

L'âge La peau est généralement plus grasse lorsqu'on est jeune et devient plus sèche avec l'âge, car les sécrétions de sébum et l'humidité naturelle de la peau diminuent.

Autres facteurs Les conditions environnementales, comme le chauffage central, la composition de l'air, la pollution, les changements physiques comme les règles, la grossesse, les modifications hormonales, la ménopause, la contraception, le stress, les facteurs émotionnels et les régimes, peuvent influencer votre type de peau.

Votre peau peut passer de grasse à sensible, ou de normale à mixte. Surveillez votre type de peau surtout si vous constatez des réactions désagréables ou si votre peau devient sensible à un produit ou un ingrédient particulier.

Mais faisons une analyse plus poussée de votre peau.

Peau normale C'est une peau parfaite : douce, lisse et fine. Elle ne dessèche pas, ne devient pas grasse et ne développe pas de boutons. Les bébés et les enfants ont en général des peaux normales. Mais elle nécessite de l'attention, des soins et une bonne alimentation.

Peau sèche Elle est serrée et fine, elle peut paraître tendue, se dessécher et a tendance à se rider. Il ne faut pas l'exposer aux intempéries extrêmes comme la chaleur, le froid et le vent. Il est indispensable de l'hydrater et de la nourrir pour pallier le manque de sébum.

Peau sensible Elle est fine et translucide, mais peut favoriser l'apparition de rides et de petites veines de surface. Elle rougit et s'irrite facilement lorsqu'elle est exposée à des allergènes de l'air ou à des produits comme les parfums, la lanoline, le pollen et d'autres polluants. Attention aux conditions extrêmes et aux cosmétiques.

Peau grasse Elle brille et a tendance à développer des boutons. La production de sébum est stimulée par une hormone mâle, la testostérone, qui est présente en petites quantités chez les femmes. La peau est plus épaisse et les pores sont dilatés, avec une tendance aux points noirs et aux imperfections. Évitez les nettoyants puissants qui contrarient la production sébacée naturelle et la stimulent davantage. Les nettoyants doux qui maintiennent l'équilibre de la peau sont préférables.

Peau mixte Entre trente et quarante ans, la plupart des peaux sont mixtes. La peau du menton, du nez et du front contient davantage de glandes sébacées et est plus grasse que le reste du visage. La peau autour des yeux, celle des joues et du front est sèche. N'utilisez pas de produits destinés aux peaux grasses ailleurs que dans cette zone.

Consultez le tableau pour connaître votre type de peau. Sachez que celui-ci n'est pas constant et que la peau devient plus sèche avec les années. Si vous avez souffert d'acné lorsque vous étiez jeune, il est possible qu'à vingt ou trente ans, votre peau soit toujours grasse. Avant tout, soyez sincère, car les produits de soin conseillés sont conçus de façon spécifique pour chaque type de peau. Examinez votre peau sans maquillage, sous un éclairage efficace et de préférence dans un miroir grossissant. Entourez les qualificatifs qui définissent le mieux votre peau. Par exemple si la majorité de termes entourés se trouvent dans la colonne peau mixte, votre peau correspondra à cette définition et vous utiliserez les produits adéquats.

Les soins de la peau

Après avoir défini votre type de peau, vous déciderez des soins qui lui conviennent. Vous possédez sûrement des produits que vous utilisez depuis des années et qui vous font du bien. Dans ce cas gardez-les. Mais si vous souhaitez essayer des produits nouveaux, non testés sur les animaux, il en existe un grand nombre qui sont efficaces, que vous pouvez fabriquer vous-même. Nous vous en donnons les recettes à la fin de ce chapitre.

Peau normale

Vous avez de la chance. Préservez cette peau en la soignant avec amour et attention. Ne considérez rien comme acquis. Utilisez un démaquillant, un tonique et une crème hydratante quotidiennement et faites un masque hebdomadaire.

Peau sèche

Préservez votre peau des extrêmes, notamment de température, et du vent. Évitez le savon et utilisez des démaquillants doux, des toniques sans alcool et des crèmes hydratantes de jour. Utilisez une crème de nuit. Faites un masque hydratant hebdomadaire.

Peau sensible

Évitez tous les allergènes de l'air et les cosmétiques. Utilisez des démaquillants, toniques et crèmes hydratantes ne contenant ni alcool ni parfum et, si possible, pas de lanoline. N'utilisez pas d'antirides complexes contenant des produits traités chimiquement, car ils peuvent déclencher des réactions indésirables. Évitez aussi les masques et les gommages.

Peau grasse

Les peaux grasses peuvent devenir des peaux à problèmes, n'utilisez pas de produits agressifs qui aggraveraient la situation. Utilisez un savon doux à pH neutre ou un démaquillant, un tonique et une crème hydratante non gras. Faites un gommage une ou deux fois par semaine et un nettoyage en profondeur hebdomadaire. Une séance de vapeur peut leur être bénéfique.

Peau mixte

Ne tombez pas dans le piège en la traitant comme une peau grasse. Utilisez des démaquillants doux et des toniques et crèmes hydratantes non gras. Soignez particulièrement les zones plus sèches. Faites un gommage hebdomadaire sur le menton, le nez et le front et appliquez un masque doux une ou deux fois par semaine.

Quel est votre type de peau ?

Avez-vous ?	*Normale*	*Sèche*	*Grasse*	*Sensible*	*Mixte*
Des pores dilatés			✓		✓
Un grain fin	✓	✓		✓	
Un nez brillant			✓		✓
Une zone médiane brillante			✓		✓
Un visage brillant			✓		
Des tiraillements		✓		✓	
Une peau écailleuse		✓		✓	
Des rougeurs				✓	
De l'acné			✓		
Des boutons			✓		✓
Des points noirs			✓		✓
De la couperose		✓			
Des ridules		✓			
Des rides		✓			
Une peau fine		✓		✓	
Une peau épaisse			✓		✓
Une peau hâlée			✓		✓

Quel que soit votre type de peau, utilisez un gel que vous appliquez doucement autour des yeux, une crème pour les lèvres et un écran solaire chaque fois que vous sortez pendant un certain temps.

Un soin de peau quotidien à l'usage de chacun

Les soins quotidiens sont indispensables à une peau en bonne santé. Respectez ce principe si vous voulez obtenir les meilleurs résultats et n'agissez pas de façon irréfléchie. Le matin, commencez systématiquement par les soins de peau et le soir finissez par eux. Traitez votre peau avec douceur et évitez de la tirer et de la malmener pour empêcher l'apparition des rides.

Si vous entamez un programme de soins quotidiens et souhaitez rester fidèle à vos produits préférés du commerce, utilisez des produits de la même marque et de la même gamme, car ils sont conçus pour fonctionner ensemble. Néanmoins, essayez de remplacer les produits du commerce par les produits simples et économiques, que vous pouvez fabriquer vous-même et dont vous trouverez les recettes à la fin de ce chapitre. Vous constaterez qu'ils sont aussi efficaces sinon davantage !

Le nettoyage

Commencez toujours par le nettoyage. Son but est de déloger la crasse, la sueur et le maquillage en profondeur. Certains pensent que cette opération est inutile s'ils ne s'aspergent pas d'eau ; d'autres trouvent que l'utilisation d'eau est trop brutale. L'important est d'utiliser des produits doux, de trouver ceux qui conviennent et de s'y tenir. Voyez mes recettes de fabrication de démaquillants doux.

Il existe un grand nombre de produits démaquillants, depuis les simples savons jusqu'aux lotions les plus onéreuses. Les savons conviennent à tous s'ils possèdent un pH neutre qui ménage la couche protectrice acide de la peau. Les gels nettoyants ne contenant pas de savon sont également excellents, bien qu'ils ne nettoient pas toujours les peaux grasses en profondeur.

Les crèmes, souvent trop épaisses pour les peaux fines et délicates, peuvent provoquer des tiraillements et laisser des dépôts. Une recette permet de fabriquer une crème légère qui, parce qu'elle contient de l'huile d'amandes douces, convient à tous les types de peaux, même les plus sèches. Elle agit avec douceur et empêche les tiraillements.

En cas de peau sèche, utilisez une lotion plutôt qu'une crème, car elle s'applique avec légèreté. Réchauffez la lotion entre les paumes de vos mains puis faites-la pénétrer par des massages délicats. Essuyez avec un coton ou un papier absorbant doux.

Les toniques

Les toniques rafraîchissent la peau, éliminent les traces de démaquillant et préparent la peau aux produits hydratants. Certains toniques contiennent de l'alcool et ne conviennent pas à tous les types de peau. Utilisez des toniques sans alcool ni parfum. Pour une hygiène optimale, appliquez en utilisant un coton différent pour chaque moitié du visage.

Les produits hydratants

L'hydratation est une opération essentielle même pour les peaux grasses. Les produits se présentent sous forme de lotions ou de crèmes épaisses, qui, bien que convenant également aux peaux sèches, peuvent provoquer des tiraillements et accentuer les rides. Les lotions, en revanche, conviennent à tous. Appliquez-les légèrement du bout des doigts, en évitant le contour des yeux où vous utiliserez uniquement des gels et produits spécifiques.

La protection de la peau

Pour vos soins quotidiens pensez à utiliser un gel pour les yeux et une pommade pour les lèvres. La peau entourant les yeux est la plus fine de tout le corps et les lèvres possèdent peu de glandes sébacées. Ces deux zones nécessitent des soins particuliers. De plus en raison de la détérioration de la couche d'ozone, protégez votre peau contre les rayons ultraviolets cancérigènes du soleil, en appliquant une crème protectrice à l'occasion de chaque exposition au soleil.

Les gels pour les yeux

Prenez soin de la peau entourant vos yeux, particulièrement sensibles aux marques du temps. C'est là qu'apparaîtront les premières ridules et rides. Chaque matin, appliquez délicatement, du bout des doigts, un gel autour de chaque orbite. Utilisez un produit du commerce ne contenant ni alcool ni parfum ou essayez une huile de germes de blé.

Les pommades pour les lèvres

Pour éviter les lèvres sèches, enduisez-les de pommade aussi souvent que vous le souhaitez, mais surtout lorsque vous sortez et pendant la nuit. En appliquant une pommade sous le rouge à lèvres, celui-ci s'applique uniformément, ne tache pas les lèvres et dure plus longtemps.

La vaseline est de loin la meilleure pommade pour les lèvres, mais vous pouvez fabriquer la vôtre en suivant cette recette très simple : prenez une part de cire d'abeille pour une part d'huile de noix de coco, d'amandes, de jojoba ou de germes de blé (celle que vous préférez). Faites doucement fondre la cire d'abeille à feu doux et mélangez avec l'huile. Laissez refroidir et appliquez sur les lèvres.

Les écrans solaires

L'huile d'olive absorbe les rayons ultraviolets nocifs du soleil et forme un excellent écran solaire. Enduisez-vous d'huile lorsque vous prenez des bains de soleil mais ne vous exposez jamais trop longtemps. Si vous préférez les produits du commerce, choisissez le coefficient de protection adéquat, bien qu'il faille souvent agir par tâtonnements. En cas de doute, préférez un coefficient supérieur plutôt qu'inférieur. D'une façon générale si vous êtes blonde ou rousse et avez la peau claire, il vous faudra une protection plus importante que si vous êtes brune à la peau mate.

Si vous vous maquillez, appliquez auparavant un écran total comme base protectrice, bien qu'actuellement un grand nombre de bases et crèmes protectrices contiennent un écran solaire. L'écran solaire ne vous protégera pas uniquement des rayons ultraviolets nocifs du soleil et des facteurs de vieillissement, mais également contre les autres formes de pollution contenues dans l'atmosphère.

Le démaquillage

Démaquillez-vous systématiquement, surtout le soir. Les conseils de nettoyage ci-dessus devraient suffire à éliminer la plus grande partie du maquillage. Certains produits sont pourtant récalcitrants, comme les mascaras résistants à l'eau.

Le procédé le plus simple est de tremper un coton-tige dans de l'huile de paraffine et, en utilisant une extrémité pour chaque œil, de passer délicatement sur les cils pour enlever toute trace de mascara. Changez de coton-tige si nécessaire. En fait, l'huile de paraffine permet d'éliminer toutes les traces de maquillage récalcitrantes. Rincez avec un tonique si vous souhaitez supprimer l'huile (elle peut irriter les yeux sensibles). Vous pouvez la remplacer par de l'huile d'amandes douces.

Tableau de soins rapides

Type de soin	*Type de peau*				
	normale	*sèche*	*grasse*	*mixte*	*sensible*
Nettoyer	lotion	crème	lotion	lotion	lotion
Tonifier	doux	sans alcool	nettoyant en profondeur	sans alcool	
Hydrater	lotion	crème	non grasse	lotion	non parfumée
Crème de nuit		indis-pensable			
Masque (h)	1	1	2	2	1
Vapeur (h)	1	à éviter	1-2	1	1 (si OK)
Tous types de peaux : pommade à lèvres, gel pour les yeux, hydratant corporel quotidiens					

Note : h = hebdomadaire

Soins spéciaux

Toutes les peaux nécessitent des soins particuliers pour rester belles. Au cours des années les besoins des bébés, jeunes enfants, adolescents et adultes changent. Les hommes, qui commencent à s'intéresser à leur peau, ont également besoin de soins particuliers.

Les bébés

Chacun a entendu cette phrase : « doux comme une peau de bébé ». Cette affirmation est tout à fait exacte, car la peau des bébés (et plus particulièrement celle de leurs fesses) est complètement protégée des agressions extérieures et, ainsi, reste douce. Les bébés ne subissent aucune des modifications hormonales des adolescents et des adultes, qui affectent la nature et l'aspect de la peau.

Il est préférable d'utiliser des produits conçus pour les bébés. Pour garder les fesses bien sèches, utilisez du talc. Donnez des bains fréquents, et utilisez un savon spécial ou de l'huile. Évitez les produits parfumés car ils peuvent provoquer des réactions désagréables.

Les jeunes enfants

La peau des jeunes enfants est toujours superbe, mais elle n'est pas protégée des agressions extérieures comme celle des bébés. Lorsque les enfants sont exposés au soleil, protégez-les impérativement avec un écran total ou une crème contenant un écran protecteur. Assurez-vous que la crème contient des filtres empêchant le passage des rayons UVA et UVB, afin d'éviter les coups de soleil et le vieillissement prématuré de la peau.

En ce qui concerne les autres produits, choisissez les mêmes produits que pour les bébés, aussi doux que possible et adaptés aux peaux délicates. N'utilisez jamais des produits pour adultes.

Les adolescents

L'adolescence est la période de la vie la plus difficile pour la peau, traitez-la avec le plus grand soin. Au moment de la puberté et du passage à l'âge adulte, l'équilibre hormonal des garçons et des filles change. L'hormone mâle, la testostérone (présente également chez les filles) est responsable de la pousse des poils sur le visage et le corps. Elle provoque un épaississement de la peau et augmente la production de sébum, ce qui rend la peau plus grasse.

C'est une période délicate et lorsqu'apparaissent des boutons ou de l'acné, cela peut aggraver les difficultés de l'adolescent. Consultez un médecin dès les premiers signes, plutôt que d'essayer les produits disponibles dans le commerce, qui risquent d'occasionner des cicatrices indélébiles. Votre médecin prescrira des antibiotiques, de la crème à base de vitamine A (un nouveau traitement très efficace dans certains cas), et pour les filles des hormones féminines. Le patient doit s'en tenir au traitement prescrit et être suivi par un médecin.

N'utilisez que des savons, démaquillants et toniques doux et non les produits à base d'alcool, astringents et agressifs que l'on trouve dans le commerce. Ils altèrent la couche protectrice acide de la peau ainsi que le film hydrolipidique. Vous pouvez utiliser un produit hydratant non gras.

Les peaux âgées

Avec les années, la peau se dessèche, les rides et les ridules apparaissent et les lignes du visage s'affaissent. Utilisez un hydratant léger matin et soir, afin de pallier la dégradation du film hydrolipidique. Les exercices faciaux décrits dans ce livre vous aideront à conserver un certain tonus musculaire et à préserver l'aspect de votre peau.

Utilisez des crèmes hydratantes légères, évitez les crèmes antirides qui sont en général des crèmes hydratantes contenant des produits chimiques. N'utilisez pas de savon qui dessèche la peau et appliquez un masque hydratant une fois par semaine.

Les hommes

Les poils du visage des hommes repoussent constamment, ce qui les oblige à se raser. En portant la barbe ils protègent leur peau des agressions extérieures : alors que les rides apparaissent sur leur front, la peau reste douce sous la barbe.

Au cours du rasage, les hommes éliminent la couche protectrice superficielle et provoquent ainsi un renouvellement permanent. C'est pourquoi ils ont tendance à mieux vieillir que les femmes. Les après-rasage devraient permettre d'hydrater la peau sans l'agresser. La peau des hommes est plus épaisse que celle des femmes, c'est pourquoi nous conseillons un bain de vapeur hebdomadaire.

Comment fabriquer vos propres démaquillants, toniques et produits hydratants

Vous pouvez fabriquer vos propres produits de beauté pour une somme dérisoire par rapport à leur coût dans le commerce. De plus vous ferez peu de gaspillage et en connaîtrez parfaitement tous les ingrédients.

Vous pouvez les adapter à vos propres goûts et besoins. Ne les conservez pas plus d'un mois, et pour leur garder leur fraîcheur, fabriquez-les au fur et à mesure. Conservez-les dans un endroit frais et sec, dans des boîtes hermétiques. C'est facile, rapide et amusant !

Ingrédients

Vous trouverez la plupart des ingrédients à la pharmacie à un moindre coût. Cherchez aussi chez les herboristes et dans les magasins de produits diététiques. Les quantités que nous indiquons sont peu importantes pour vous permettre de faire des essais préalables.

Les ingrédients suivants forment la base de la plupart des cosmétiques :

Huile d'amandes douces
Alun (en poudre)
Borax
Glycérine
Eau de fleur d'oranger
Eau de rose
Cire d'abeille blanche et jaune
(la cire d'abeille blanche n'est pas raffinée)
Hamamélis

Démaquillants

Crème démaquillante à la lavande pour peaux grasses

Ingrédients : cire d'abeille, huile d'amandes douces, huile de lavande

Pour un démaquillant pour peaux grasses ou à problèmes, il faut : 2 cuil. à soupe (40 ml) de cire d'abeille râpée pour 1 cuil. à soupe (20 ml) d'huile d'amandes douces. Mélangez sur feu doux. Enlevez du feu et ajoutez une goutte d'huile de lavande pour 1 cuil. à soupe (20 ml) d'eau (de préférence minérale). Fouettez jusqu'à obtenir une masse crémeuse.

Démaquillant au lait de citron pour tous types de peaux, surtout à tendance grasse

Ingrédients : petit-lait, citron

Mélangez au fouet 1 cuil. à soupe (20 ml) de petit-lait et 1 cuil. à soupe (20 ml) de jus de citron et appliquez immédiatement avec un coton. Rincez soigneusement à l'eau tiède.

Crème pour tous types de peaux

Ingrédients : borax, cire d'abeille blanche, huile d'amandes douces

Faites fondre 1/2 cuil. à café (3 ml) de borax da 2 cuil. à soupe (40 ml) d'eau minérale. Faites fondre à feu doux 1 cuil. à soupe (20 ml) de cire d'abeille blanche, ajoutez 4 cuil. à soupe (80 ml) d'huile d'amandes douces et ajoutez la solution de borax. Enlevez du feu et laissez refroidir.

Toniques

L'eau de rose est un excellent tonique pour tous les types de peaux. Ajoutez 1/2 cuil. à café (3 ml) de glycérine à 2 cuil. à soupe (40 ml) d'eau de rose pour obtenir un tonique doux pour peaux sèches.

Pour obtenir un tonique nettoyant en profondeur pour peaux grasses mélangez 1 cuil. à soupe (20 ml) d'hamamélis avec 1 cuil. à soupe (20 ml) d'eau de rose.

Lotion astringente pour peaux sèches

Ingrédients : eau de rose, eau de fleur d'oranger, hamamélis

Mélangez au fouet 4 cuil. à soupe (80 ml) d'eau de rose avec 1 cuil. à soupe (20 ml) d'eau de fleur d'oranger et 1 cuil. à soupe (20 ml) d'hamamélis.

Lotion rafraîchissante pour peau normale

Ingrédients : alun, eau de rose, hamamélis

Faites fondre 1/2 cuil. à café (3 ml) de poudre d'alun dans 1 cuil. à café (5 ml) d'eau chaude. Ajoutez 2 cuil. à soupe (40 ml) d'eau de rose et 2 cuil. à soupe (40 ml) d'hamamélis.

Crèmes hydratantes

Cette crème hydratante de base est plus riche et plus épaisse que celles du commerce, mais elle est très efficace et économique. Mettez-la au réfrigérateur pour éviter les moisissures. Elle se solidifie, mais redevient souple au contact de la peau. Ajoutez 1 cuil. à café (5 ml) d'huile de germes de blé (qui est un agent de conservation naturel) pour augmenter sa durée de vie.

Ingrédients :

5 g de cire d'abeille jaune

2 cuil. à soupe (40 ml) d'huile d'amandes douces

2 cuil. à café (10 ml) d'eau minérale ou d'eau de rose

2 gouttes d'huile essentielle (de rose pour les peaux sèches ou âgées, de lavande pour les peaux grasses, normales ou sensibles) dans une solution concentrée à 1/2 pour cent (c'est-à-dire 2 gouttes pour 1 cuil. à soupe (20 ml) d'huile de support)

Faites fondre la cire d'abeille et l'huile au bain-marie. Faites chauffer l'eau distillée au bain-marie. Mélangez goutte à goutte, tout en fouettant, l'eau minérale chaude au mélange cire et huile. Après avoir obtenu 1 cuil. à café (5 ml) de ce mélange, enlevez du feu et incorporez petit à petit l'eau restante. Lorsque le mélange prend, ajoutez l'huile essentielle. Mettez dans des pots en verre stérilisés et couvrez.

Si vous ne voulez pas fabriquer vous-même votre crème hydratante, partez d'une base existante, non parfumée, comme la vaseline. Ajoutez quelques gouttes de votre huile essentielle préférée et mélangez soigneusement.

Soins de peau hebdomadaires

Les soins qui suivent réveillent la peau, permettent d'éliminer les cellules mortes, de dilater les pores et d'extraire les impuretés installées en profondeur. Ils stimulent la circulation et régénèrent la peau.

Pour les peaux sèches ou sensibles, le traitement s'applique une fois par semaine ou tous les quinze jours, en sélectionnant un seul traitement à la fois : le gommage, le bain de vapeur ou le masque. Pour les peaux grasses ou mixtes, le traitement s'applique deux fois par semaine aussi longtemps que la peau ne témoigne aucune tendance à devenir « sensible ». Ne stimulez jamais votre peau de façon excessive et appliquez les traitements de façon modérée.

Lorsqu'un traitement convient à un type de peau précis, il est sage de l'appliquer à celui-ci. Par exemple ne posez pas sur une peau grasse un masque indiqué pour les peaux sèches. Si la peau est mixte, appliquez les traitements pour peaux grasses sur les zones grasses, c'est-à-dire la zone médiane du visage formée par le menton, le nez et le front, puis appliquez le traitement pour peaux sèches sur les joues.

Les personnes possédant des peaux sensibles et fragiles doivent éviter les traitements contenant des ingrédients acides, comme le citron et le pamplemousse, et même le yaourt. Faites des gommages doux et utilisez du sucre semoule plutôt que cristallisé pour le gommage facial contenant du sucre (voir ci-dessous).

Le gommage

Le gommage, quelle que soit la méthode utilisée, déloge les cellules mortes et accélère leur régénération. Il devient indispensable avec les années, car le métabolisme se met au ralenti. Vous pouvez effectuer les gommages en vous frottant avec un loofa ou un gant de massage, qui fera briller votre peau. Les flocons d'avoine finement broyés permettent un gommage en douceur juste avant la douche. Passez-les simplement sur votre peau en frottant.

Éliminez les cellules mortes en mélangeant 2 cuil. à café (10 ml) d'amandes finement moulues avec un petit pot de yaourt. Massez la peau propre avec ce mélange et rincez. Votre peau sera fraîche et éclatante. Pour les peaux sensibles préférez les flocons d'avoine aux amandes.

Les masques faciaux éclairent et illuminent le teint. Essayez un gommage à la pêche : écrasez ou passez au mixeur une pêche bien mûre, ajoutez 2 cuil. à café (10 ml) de flocons d'avoine et frottez le mélange sur votre visage. Rincez à l'eau chaude.

Vous pouvez fabriquer un excellent gommage très économique en mélangeant une petite quantité de sucre (de préférence du sucre cristallisé) avec votre démaquillant préféré. Passez sur le visage en massant et rincez soigneusement. Ce gommage a le même effet que les gels onéreux contenant des grains nettoyants, mais il est plus doux et moins cher.

Vous pouvez aussi broyer 100 g d'amandes blanchies pour en faire une pâte épaisse. Ajoutez un œuf et 2 cuil. à café (10 ml) d'eau de rose. Mélangez bien. Étalez en frottant la crème sur les zones plus grasses de votre visage. Laissez reposer avant de rincer soigneusement.

Le jus de raisin est un excellent exfoliant naturel, qui élimine les cellules mortes et éclaircit le teint. L'huile de pépins de raisin est une lotion hydratante légère adaptée aux peaux normales et sèches.

Une simple tranche de pomme que l'on frotte sur le visage en mouvements circulaires forme un excellent exfoliant naturel.

Les bains de vapeur

La vapeur dilate les pores, permet un nettoyage en profondeur et adoucit la peau. Prenez une bassine remplie d'eau bouillante, placez votre visage au-dessus de la vapeur et couvrez votre tête d'une serviette suffisamment grande pour empêcher la vapeur de s'échapper. La vapeur pénètre votre peau, dilate les pores et fait apparaître la crasse à la surface de la peau. Appliquez une lotion tonique sans alcool pour refermer les pores. Répétez l'opération de façon hebdomadaire.

Le thé est à la fois un tonique doux et une lotion traitante. Un bain de vapeur à base de thé nettoie la peau en profondeur. Versez du thé chaud dans un bol, ajoutez quelques zestes de citron, de la marjolaine et de la menthe (des herbes sèches feront l'affaire). Placez votre visage au-dessus dù bol et couvrez votre tête avec une serviette. La chaleur et les polyphénols contenus dans le thé agiront sur les impuretés.

Si votre peau est sèche, vous pouvez mettre de l'huile de jojoba ou de primevère dans le bol, afin d'adoucir votre peau. Comme vos pores se dilatent, votre peau absorbe les huiles sous forme de gouttelettes minuscules.

Les masques

Peaux sèches

Masque à l'huile d'abricot :

L'huile de noyaux d'abricots conserve à la peau sa santé et sa douceur naturelle. Elle est excellente pour adoucir les peaux rêches. Elle contient de la vitamine A qui est essentielle pour tous les types de peaux. Ce masque convient particulièrement aux peaux sèches.

Découpez un morceau d'étamine ou de mousseline en forme de masque, faites des trous pour les yeux, le nez et la bouche. Trempez le tissu dans de l'huile de noyau d'abricot tiède et appliquez sur le visage. Laissez en place pendant 10 minutes avant de l'enlever soigneusement. Essuyez toute trace d'huile puis passez un tonique et laissez reposer quelques instants avant de vous maquiller.

Masque à l'avocat :
L'avocat est un fruit gras qui agit comme un tonique sur les peaux sèches. Mélangez un avocat avec une goutte de jus de citron et appliquez en masque purifiant et adoucissant. Il contient des vitamines et des minéraux qui nourrissent la peau.

Masque de nuit à l'avocat :
En cas de peau sèche, essayez un masque de nuit à l'avocat. Réduisez un avocat bien mûr en pommade, étalez-le sur votre visage et détendez-vous pendant 15 minutes. Enlevez la plus grosse partie avec un coton à démaquiller, sans tout supprimer. Au cours de la nuit le reliquat gras nourrira et adoucira votre peau.

Masque à la banane :
En hiver, essayez un masque adoucissant à la banane. Écrasez une banane, liez avec 1 cuil. à café de miel et un soupçon de crème. En cas de peau grasse remplacez la crème par du jus d'orange et un peu plus de miel. C'est très rafraîchissant !

Masque à l'œuf :
Battez un blanc en neige, ajoutez 1 cuil. à café (5 ml) de miel. Appliquez sur le visage avec un pin-

ceau à pâtisserie et laissez reposer 10 minutes avant de laver à l'eau froide. Le blanc d'œuf a un effet raffermissant.

Masque à la pêche et crème :

Pour une peau de pêche, mélangez une pêche écrasée avec une cuillerée de crème. Appliquez, puis rincez à l'eau tiède.

Peaux grasses

Masque à l'argile :

Mélangez un blanc d'œuf en neige avec 1 cuil. à soupe (20 ml) d'argile smectique (que vous trouverez en pharmacie). Ajoutez quelques gouttes d'huile de menthe. Laissez sécher et rincez à l'eau tiède.

Masque au citron :

Le jus de citron éclaircit le teint et soigne les peaux grasses, c'est un ingrédient idéal pour les masques. Il convient aux peaux à tendance acnéique car il neutralise les bactéries et contient de grandes quantités de vitamine C qui accélère la cicatrisation. Passez une tranche de citron sur le visage et rincez à l'eau froide.

Tous types de peaux

Masque aux fruits exotiques :

L'ananas et la papaye font d'excellents masques car ils contiennent des enzymes qui aident à la cicatrisation et sont des baumes naturels pour la peau. Écrasez simplement les fruits, appliquez sur la peau, laissez reposer 10-15 minutes et rincez abondamment. Votre peau est douce.

Masque aux algues :

Il permet de purifier tous les types de peaux en profondeur et en douceur. Mélangez 3 cuil. à soupe (60 ml) d'algues en poudre (chez les herboristes) avec un filet d'huile d'amandes douces et d'eau de rose (chez les pharmaciens). Appliquez sur le visage propre, laissez reposer 10 minutes, rincez et hydratez la peau.

Masque aux fraises :

Les fraises écrasées ont un effet stimulant. Enduisez votre visage de purée de fruits, laissez reposer entre 5 et 10 minutes, puis rincez abondamment avec de l'eau tiède. Passez un tonique doux si nécessaire.

Peaux à problèmes

Masque au curcuma :

En Asie, on pense que le curcuma (une épice jaune, en poudre, que vous trouverez dans la plupart des grandes surfaces) éclaire le teint et rend la peau douce et lisse. Dans certaines régions de l'Inde, on l'applique sous forme de pâte sur les visages des futurs mariés, avant la cérémonie, pour rehausser leur beauté !

Mélanger 1 cuil. à café (5 ml) de curcuma avec quelques gouttes d'eau chaude ou de lait et appliquez sur le visage. Vous pouvez aussi mélanger du curcuma et des flocons d'avoine avec 1 cuil. à soupe de yaourt (qui agit sur les bactéries et empêche l'apparition de boutons), pour faire un exfoliant. En cas de peau sèche, ajoutez quelques gouttes d'huile d'amandes douces. Laissez reposer entre 15 et 20 minutes ou jusqu'à ce que le masque soit sec. Lavez avec un savon doux et de l'eau chaude ou un démaquillant (essayez une de nos recettes). Finissez par un tonique doux sans alcool pour enlever toute trace jaune. Faites un masque hebdomadaire, de préférence le soir pour accélérer le processus de régénération de la peau ou bien avant ou après un bain de vapeur.

Lotions rafraîchissantes

Posez un gant de toilette propre trempé dans l'eau chaude sur le visage, allongez-vous. Vous vous détendez instantanément. Pour rafraîchir et revivifier un visage fatigué, trempez le gant dans l'eau glacée, posez-le sur le visage pendant 5 minutes. Votre teint rosit car la circulation superficielle du sang s'accélère. Vos yeux brillent et toute trace de gonflement disparaît.

Le concombre permet de préparer un masque rafraîchissant qui convient aux peaux grasses et mixtes. Réduisez quelques tranches de concombre épluché en purée (ou râpez-les si c'est plus facile), ajoutez 2 cuil. à soupe (40 ml) de yaourt nature. Appliquez sur le visage pendant 30 minutes puis rincez à l'eau tiède. En Inde, on trempe des bâtonnets de concombre dans le yaourt pour se rafraîchir après avoir mangé un curry très épicé ! Utilisez le restant de concombre pour faire un masque !

Traitement des boutons et impuretés occasionnels

Pour soigner les boutons sur tous les types de peaux, trempez un coton-tige dans de l'eau d'hamamélis et tapotez la zone concernée. Avant de vous coucher imbibez une boule de coton de lotion à la calamine et appliquez sur le bouton. Posez, avant de vous coucher, une petite quantité de poudre absorbante, du type argile, sur les boutons citrants. Le dentifrice a également des vertus ❘chantes, déposez une petite quantité sur le bouton avec une brosse et laissez toute la nuit.

Donnez à votre peau un éclat instantané en vaporisant de l'eau minérale. Remplissez un vaporisateur à plantes ou à parfum et aspergez-vous lorsque votre peau est fatiguée ou que vous transpirez. Cela permet également de fixer le maquillage pour toute la journée.

L'heure du bain

Le bain est un excellent moyen de se détendre après une journée difficile. Mais les produits pour le bain peuvent dessécher la peau.

Préparations naturelles pour le bain

Les bains aux herbes ont des vertus rafraîchissantes. Ils conviennent aux personnes souffrant de cystite, qui souhaitent éviter les bains moussants et les huiles parfumées. Enfermez une poignée d'herbes fraîches dans une étamine et attachez ce paquet sous le robinet. Faites d'abord couler l'eau chaude pour extraire les parfums des herbes puis finissez par l'eau froide. Essayez la livèche, la camomille (vous pouvez même utiliser des sachets de tisane du commerce), la menthe et le romarin. Si vous ne trouvez pas d'herbes fraîches, utilisez des herbes séchées.

Plongez dans un bain chaud parfumé aux huiles essentielles : à l'ylang-ylang, au patchouli ou au romarin (pour oublier les soucis), à la lavande, à la rose ou à la camomille (pour vous détendre). Ne prenez pas de bain trop chaud qui stimule le système nerveux et inhibe les vertus thérapeutiques des herbes. Faites-vous plaisir, mettez de la musique douce, baissez la lumière et détendez-vous.

Fermez les yeux, respirez profondément, pensez à des choses agréables – imaginez-vous sur une plage de sable fin, par exemple, en train d'écouter le clapotis des vagues et le murmure du vent dans les palmes au-dessus de votre tête. Ajoutez quelques gouttes d'huile essentielle de lavande, de romarin ou de genièvre pour augmenter le pouvoir adoucissant de votre bain. La lavande a un effet apaisant aussi bien pour le corps que pour l'esprit.

L'odeur d'orange agit comme un remontant et un antidépresseur, parfumez-en votre bain après une longue journée de travail. Une goutte d'huile essentielle d'orange ou le jus d'une orange sans pépins dans l'eau du bain vous rafraîchiront et vous aideront à vous relaxer.

Vous pouvez aussi verser un peu d'huile pour le corps dans l'eau du bain. Augmentez son pouvoir hydratant en restant un moment dans l'eau avant d'ajouter l'huile afin que celle-ci enrobe votre corps et emprisonne une partie de l'eau absorbée.

On dit que Cléopâtre prenait des bains de lait d'ânesse pour donner de l'éclat à sa beauté. Au lieu de lait d'ânesse, versez 150 cl de lait dans l'eau, ou 2 cuil. à soupe (40 ml) de lait en poudre, le résultat sera le même. Pour vous accorder un moment de plaisir supplémentaire ajoutez une note tropicale avec quelques gouttes d'essence de noix de coco.

Les soins des jambes

Pour avoir de belles jambes douces, désincrustez la peau en vous massant avec du savon végétal et un loofa humide ou une brosse pour le corps. Cela permet d'éliminer les cellules mortes et de libérer le sébum emprisonné dans les pores. Les jambes n'ont que peu de glandes sébacées et la peau a tendance à devenir sèche. Après le bain appliquez un produit hydratant avec un mouvement de massage de bas en haut. La vapeur du bain aide à faire pénétrer le produit.

Si à la fin de l'hiver vos jambes sont particulièrement sèches, essayez le remède suivant : écrasez un avocat, une banane et une cuil. à soupe (20 ml) de crème épaisse et étalez cette pommade sur la peau. Laissez reposer pendant 10 minutes et rincez. Vos jambes seront magnifiques.

Pour soulager vos chevilles gonflées, diluez 2 cuil. à soupe (40 ml) de sel d'Epsom dans 1 l d'eau tiède. Baignez vos chevilles pendant 10 minutes puis immergez-les dans l'eau froide pour atténuer le gonflement. Séchez et massez jusqu'à ce que le mal disparaisse.

Massage du cuir chevelu

Pour réduire les tensions dans la tête, massez votre cuir chevelu pendant que vous êtes dans le bain. Commencez par le haut du visage et appuyez vos doigts fermement sur le cuir chevelu. Faites-le bouger doucement, d'avant en arrière cinq fois de suite. Recommencez ainsi jusqu'à avoir massé tout le crâne.

Gommages pour le corps

Le sel de mer est un excellent désincrustant pour le corps, il laisse la peau douce et est particulièrement bon marché. Enduisez votre peau d'huile d'amandes douces ou d'olive, pour l'adoucir. Puis frottez fermement avec de bonnes poignées de gros sel, en insistant sur les endroits plus secs comme les genoux et les coudes. Rincez à l'eau chaude avec un jet puissant, puis à l'eau froide pour tonifier la peau.

Une poignée de sel marin dans l'eau du bain apaise les douleurs musculaires et soigne les petits problèmes de peau.

Les masques ne sont pas réservés au seul visage. Essayez-les sur les épaules, pour dilater les pores et éliminer les peaux mortes.

Nettoyez les parties grasses sur les épaules et le dos avec une brosse douce ou un loofa et du savon. Si votre dos est couvert de boutons, faites un masque purifiant à base d'argile smectique mélangée à un peu d'eau et de jus de citron. Laissez sécher et rincez soigneusement avec de l'eau tiède.

Vous pouvez aussi utiliser des brosses faciales et des éponges spéciales pour faire les gommages dans les endroits difficiles comme les genoux et les coudes. Massez soigneusement et rincez. Appliquez un hydratant ou de la crème pour les mains (les crèmes pour les mains sont plus économiques et tout aussi efficaces que les crèmes spéciales pour le corps).

Pour soigner les coudes négligés, frottez-les avec une pierre ponce ou une brosse ferme et nettoyez avec du jus de citron. Vous pouvez aussi faire reposer chaque coude dans un demi-citron qui a été pressé. Puis enduisez la peau abondamment de crème hydratante ou d'huile que vous faites pénétrer en massant, pour rendre la peau douce.

3
Soins de beauté : traitements spécifiques

Les cheveux

Vos cheveux reflètent votre état de santé général ainsi que votre équilibre intérieur. Les cheveux poussent de 12 mm par mois et ont une durée de vie allant de trois à six ans. Chaque cheveu naît dans un follicule pilaire et est formé de trois couches successives : la cuticule (la couche protectrice), la moelle (la partie creuse) et le cortex renforcé par la kératine, une substance protéique. Le renouvellement constant des cheveux permet de les soigner de façon efficace.

Faites beaucoup d'exercice, notamment au grand air, car l'action conjuguée de l'exercice, comme la marche à pied, et de l'air augmente la quantité d'oxygène dans le cuir chevelu et stimule la bonne santé des cheveux.

Les cheveux secs

Soignez les cheveux et le cuir chevelu secs avec un masque gras. Chauffez doucement au bain-marie un peu d'huile d'olive, d'amandes douces ou de jojoba, enduisez les cheveux d'huile chaude et massez bien. Enveloppez vos cheveux dans du papier aluminium ou une serviette et prenez un bain de 15 minutes (la vapeur favorise la pénétration de l'huile). Sans rincer, lavez directement avec un shampooing, massez, rincez puis refaites un deuxième shampooing.

Pour soigner le cuir chevelu sec, enveloppez vos cheveux dans des serviettes humides et prenez un bain de 15 à 20 minutes, afin de permettre à la vapeur de pénétrer dans les serviettes.

Les cheveux gras

Faites dissoudre 1 cuil. à soupe (20 ml) de bicarbonate de soude dans 600 ml d'eau et ajoutez deux œufs battus. Versez sur les cheveux et massez pour faire pénétrer. Laissez reposer 10 minutes, faites un shampooing doux et rincez soigneusement.

Les cheveux ternes

Pour donner de la brillance à vos cheveux, battez un jaune d'œuf, ajoutez un yaourt et mélangez bien. Lavez vos cheveux puis appliquez le mélange avec un peigne. Laissez reposer 10 à 15 minutes, puis rincez soigneusement avec de l'eau tiède.

Les cheveux ternes peuvent souffrir d'un excès de shampooing. Éliminez toute trace de shampooing avec une solution de 2 cuil. à soupe (40 ml) de vinaigre blanc dans 2 litres d'eau. À utiliser après le shampooing et avant l'après-shampooing.

Les cheveux abîmés

Pour empêcher les cheveux de s'abîmer, massez le cuir chevelu avec de l'huile de noix de coco chaude. Enveloppez les cheveux dans une serviette chaude, laissez reposer 30 minutes et faites un shampooing doux.

Les cheveux fourchus

Empêchez les fourches en enduisant les cheveux propres et secs de mayonnaise. Choisissez une mayonnaise du commerce sans additifs ou faites-la vous-même en mélangeant 1 cuil. à soupe d'huile (végétale, de tournesol ou d'amandes douces) et de vinaigre avec un œuf et battez jusqu'à obtenir une crème lisse et homogène.

Les pellicules

Pour empêcher les pellicules et donner aux cheveux un parfum de fraîcheur, faites un rinçage au romarin. Jetez une bonne poignée de romarin dans une casserole et couvrez d'eau. Laissez frémir 10 à 15 minutes et laissez refroidir. Filtrez le mélange avec une passoire dans un pot contenant quelques gouttes d'huile de germes de blé ou toute autre huile, et utilisez pour rincer les cheveux après un shampooing très doux. Rincez soigneusement avec de l'eau tiède.

Pour stimuler la pousse des cheveux

Stimulez le cuir chevelu avec une brosse spéciale. Ne le faites jamais lorsque vos cheveux sont mouillés ou humides, mais quand ils sont secs, appuyez la brosse sur la racine des cheveux et brossez avec un mouvement circulaire. Commencez par la nuque et remontez sur la tête. Ce geste stimule une pousse saine des cheveux.

Pour avoir les cheveux plus longs, faites une natte souple pendant la nuit. Défaites la natte le matin pour obtenir des ondulations. Lorsque vous aurez lavé vos cheveux, ils seront raides et paraîtront plus longs !

Essayez la méthode japonaise pour avoir des cheveux en bonne santé et brillants. Penchez la tête en avant, attrapez une touffe de cheveux au niveau de la racine. Tirez fort, lâchez prise puis tirez à nouveau. Faites de même sur toute la tête pour stimuler la pousse et avoir des cheveux épais. Insistez sur les zones où les cheveux sont plus clairsemés, de part et d'autre du front.

La chute des cheveux

Ne vous inquiétez pas si vous perdez quelques cheveux au moment du massage avec la brosse. Ce sont des cheveux morts destinés à tomber. Nous perdons en moyenne 100 cheveux par jour, ce qui correspond au cycle normal de la pousse, chute et repousse des cheveux. En stimulant le cuir chevelu les cheveux seront plus sains et plus épais.

Cependant, évitez la chute inutile des cheveux en les démêlant lorsqu'ils sont mouillés ou humides, démêlez-les de préférence lorsqu'ils sont secs car les cheveux mouillés sont plus fragiles. Si vous les brossez mouillés, vous perdrez des cheveux sains. Utilisez toujours un démêlant pour empêcher la formation des nœuds.

Une perte de cheveux importante peut provenir d'un dérèglement organique : anémie (résultant d'une carence en fer), hypothyroïdie, déséquilibre hormonal, stress, pilule contraceptive inadaptée ou utilisation prolongée d'un médicament. Si vous êtes inquiète, consultez un médecin et faites une analyse de sang.

Les colorants naturels

Les Tsiganes utilisent traditionnellement du thé pour colorer et tonifier leurs cheveux. Les tanins naturels contenus dans le thé foncent les cheveux gris et donnent une couleur naturelle. Du thé moyennement fort donne de la brillance et des reflets aux cheveux sombres : gardez les restes de thé, égouttez bien et utilisez ce liquide froid pour le dernier rinçage après le shampooing. Le vinaigre a le même effet.

Les noix ont également un léger effet colorant. Les Romains les utilisaient pour assombrir et embellir leur chevelure. Si vous êtes brune, ajoutez 100 g de noix hachées à 600 ml d'eau bouillante. Égouttez et appliquez sur les cheveux. Laissez reposer 15 à 20 minutes.

Pour embellir votre couleur de cheveux naturelle en douceur, faites un rinçage à base d'herbes. La camomille donne un reflet aux blondes, les orties sont un excellent tonique pour tous les cheveux (mais attention au moment de la récolte), les baies de sureau donnent un reflet acajou aux cheveux bruns. Mettez une bonne poignée de la plante choisie dans une casserole et couvrez d'eau. Faites frémir 20 minutes, égouttez et laissez refroidir. Après avoir lavé vos cheveux avec un shampooing doux, rincez avec l'infusion de plantes, puis rincez abondamment à l'eau fraîche pour éliminer toutes les traces.

Les ondulations naturelles

Pour éviter d'utiliser des appareils chauffants, utilisez des cure-pipes pour enrouler vos cheveux. Lorsque les cheveux sont encore humides, enroulez les mèches autour d'un cure-pipe et repliez-le pour faire tenir la mèche. Laissez en place jusqu'à ce que les cheveux soient secs, puis coiffez-les pour obtenir un bel effet bouclé.

Pour éviter les rouleaux chauffants, qui rendent les cheveux fourchus, vous pouvez utiliser des bouts de tissu autour desquels vous enroulez vos cheveux. Lavez vos cheveux, et laissez sécher naturellement. Lorsqu'ils sont presque secs, enroulez les cheveux sur toute la longueur mèche à mèche autour d'un morceau de tissu. Pliez le tissu en deux et faites un nœud. Laissez ainsi 20 minutes. Plus vous les laisserez, plus les boucles seront serrées. Vous pouvez même les garder toute la nuit. Défaites les tissus et secouez vos boucles.

Quelques conseils pour avoir des cheveux en bonne santé

Lorsque c'est possible, laissez vos cheveux sécher naturellement, de préférence dehors, surtout s'il y a du soleil, plutôt que d'utiliser un sèche-cheveux. Après les avoir lavés, séchez vos cheveux avec une serviette et secouez-les doucement du bout des doigts. Évitez les brushings avant qu'ils soient complètement secs. Les sèche-cheveux agressent les cheveux, les dessèchent et les abîment par endroits. D'autre part le séchage naturel ne coûte rien.

Évitez tous les appareils chauffants. Leur utilisation endommage les cuticules et rend les cheveux secs et cassants.

Évitez les laques, mousses coiffantes et gels. Ce sont des produits chimiques qui fragilisent les cheveux et les rendent ternes. Les cheveux ont besoin de respirer pour rester en bonne santé.

Pour soulager les tensions et avoir des cheveux en bonne santé, faites un massage indonésien. Tenez-vous debout, les jambes écartées et respirez lentement. Penchez-vous doucement en avant à partir de la taille, jusqu'à ce que votre tête soit en dessous du niveau de la ceinture. Gardez vos jambes tendues et tapotez le cuir chevelu avec les jointures des mains 30 secondes. Redressez lentement le corps et recommencez.

Faites un massage quotidien 5 à 10 minutes pour stimuler la circulation, qui est vitale pour la pousse des cheveux. Massez avec vos doigts le cuir chevelu, les tempes et l'arrière de la tête avec des mouvements circulaires. La position en poirier est également excellente pour stimuler la circulation dans les follicules pileux.

Une crème non grasse pour les mains permet de réduire l'électricité statique. Étalez une petite quantité de crème dans la paume des mains et passez délicatement sur les cheveux. Cela donne aussi un léger éclat.

Pour que vos cheveux sentent bon, ajoutez quelques gouttes de votre parfum préféré à l'eau de rinçage ou à l'après-shampooing.

Ne lavez pas vos cheveux tous les jours. Les agents moussant éliminent la graisse naturelle des cheveux, et certains démêlants laissent un dépôt gras qui attire la poussière. Lavez vos cheveux avec un shampooing doux sans détergent, il existe actuellement de nombreux shampooings à usage fréquent dans le commerce.

Lavez vos peignes et vos brosses régulièrement pour éviter de resalir vos cheveux. Trempez-les dans de l'eau savonneuse tiède, rincez-les bien et séchez-les sur une serviette avec les poils vers le bas. Ne les placez pas au-dessus d'une source de chaleur directe. Ne faites pas tremper les brosses sur coussin en caoutchouc car les pointes ont tendance à se détacher, ni celles dont le manche est en bois car elles ont tendance à moisir. Si votre brosse est très sale, trempez-la dans une eau légèrement ammoniaquée et rincez bien.

Traitez vos cheveux avec précaution, supprimez les rouleaux chauffants, les pinces et les appareils chauffants pendant une semaine et accordez à vos cheveux quelques semaines de repos. Brossez et peignez en douceur, et évitez de les tirer ou de les casser.

Les yeux

Traitement des yeux gonflés et douloureux

Reposez vos yeux en vous allongeant 15 minutes, de préférence dans une pièce calme, avec une rondelle de pomme de terre crue ou de concombre sur chaque œil. Un tampon de coton imbibé d'hamamélis ou d'eau glacée peut également faire l'affaire. Vos yeux seront brillants et tout gonflement aura disparu !

Le thé fut utilisé comme stimulant pour les yeux pendant plus de deux siècles. Après une nuit difficile ou une longue journée de travail, détendez-vous en posant deux sachets de thé refroidis sur vos paupières 10 minutes. Les nouveaux sachets ronds conviennent parfaitement. Vous vous sentirez immédiatement mieux. La fraîcheur des sachets est très agréable. De plus les polyphénols et le tanin contenus dans le thé ont un effet légèrement astringent et stimulant pour la peau. Le thé resserre la peau et fait ainsi disparaître le gonflement et les cernes.

Les démaquillants naturels pour les yeux

Éliminez les traces de mascara et de maquillage avec un coton imbibé d'huile d'amandes douces. Partez du nez et essuyez vers l'extérieur des yeux. Laissez quelques traces d'huile sur la peau pour la nourrir. Trempez un coton-tige dans l'huile (utilisez une extrémité pour chaque œil) et nettoyez délicatement. Rincez avec un tonique doux, de préférence sans alcool, sans colorant et sans parfum.

L'huile de paraffine est un excellent démaquillant pour les yeux, surtout pour les mascaras épais. Pour chaque œil, déposez un peu d'huile sur chaque extrémité du coton-tige et éliminez délicatement le maquillage. Si vos yeux sont sensibles, trempez le coton directement dans l'huile de paraffine, en utilisant toujours une extrémité du coton-tige pour chaque œil.

Les soins des cils et des sourcils

Un peu de vaseline à la racine des cils avant de vous coucher encourage leur pousse et les rend plus robustes. Pour les maquillages de jour et du soir, utilisez de la vaseline qui permet d'avoir des cils joliment courbés et brillants. Imprégnez les cils d'une minuscule quantité de vaseline avec vos doigts. Trop de produit leur donnerait un aspect épais et gras.

La vaseline peut aussi jouer le rôle de mascara. Brossez vos cils avec une ancienne brosse à mascara enduite de vaseline, ils auront immédiatement l'air épais et longs. La vaseline ne colle pas et ne provoque pas de réactions indésirables, elle ne coule pas en traînées noirâtres lorsque vous pleurez. Cela, tout simplement parce qu'elle ne contient pas de pigments comme le mascara.

Les appareils à courber les cils permettent d'éviter l'utilisation de mascara. Cependant, si vous êtes blonde, une teinture des cils peut vous sembler moins nocive et moins onéreuse à long terme. Mais ne le faites pas vous-même, et surtout pas avec les produits réservés à la coloration des cheveux. Consultez un professionnel.

Évitez les traitements onéreux en brossant vos sourcils tous les soirs. Utilisez une brosse à sourcils (ou une vieille brosse à dents) et donnez-leur la forme que vous souhaitez. Disciplinez vos sourcils avec un peu de vaseline.

Les mains

Il est important d'avoir de jolies mains douces, car elles sont visibles de tout le monde. Essayez les recettes que nous proposons.

Hydratez vos mains en profondeur une fois par semaine avec une crème hydratante, puis mettez des gants en coton bien adaptés, mais pas trop serrés. Gardez-les aussi longtemps que vous le pouvez, de préférence pendant la nuit. La transpiration qui émane de vos mains se mélangera à la crème et rendra la peau douce.

Ce traitement permet également d'éviter l'apparition de veines apparentes.

Gardez des doigts minces et des mains douces en massant la surface des mains et des doigts avec une brosse – une brosse à cheveux avec des pointes rembourrées fait parfaitement l'affaire – en direction du cœur. Cet exercice stimule la circulation et empêche l'apparition des veines.

Les exercices des mains

Les mains ont besoin d'exercice, pour rester douces, minces, souples et efficaces. Faites les exercices suivants quotidiennement, ils sont faciles et vous feront les doigts agiles.

Pour vous échauffer, serrez les poings (fig. 2a), maintenez cette position quelques secondes, puis détendez-vous. Recommencez dix fois. Puis joignez vos mains, en appuyant les paumes l'une contre l'autre et en tenant vos doigts tendus (fig. 2 b). Rassemblez les doigts des deux mains comme pour une prière (fig. 2 c). Serrez vos doigts aussi fort que possible quelques instants, puis relâchez. Recommencez dix fois. Pour finir, séparez les deux mains et étirez vos doigts autant que possible (fig. 2d), puis détendez-vous. Recommencez dix fois. Reposez-vous et détendez vos doigts quelques instants.

Maintenant vous êtes prêts pour les exercices à l'élastique. Passez un élastique épais autour de l'articulation du pouce et celle de l'index. Tendez autant que possible, détendez, et recommencez dix fois. Recommencez de la même façon avec le médium, l'annulaire et l'auriculaire des deux mains. Reposez-vous, puis placez l'élastique sur le milieu du pouce et tous les autres doigts pour former un cercle. Tendez l'élastique autant que possible et détendez-vous. Recommencez dix fois. Ces exercices sont importants pour les utilisateurs de claviers, ils aident à atténuer les méfaits de la répétition. Ils soulagent également ceux qui souffrent de rhumatismes et d'arthrite.

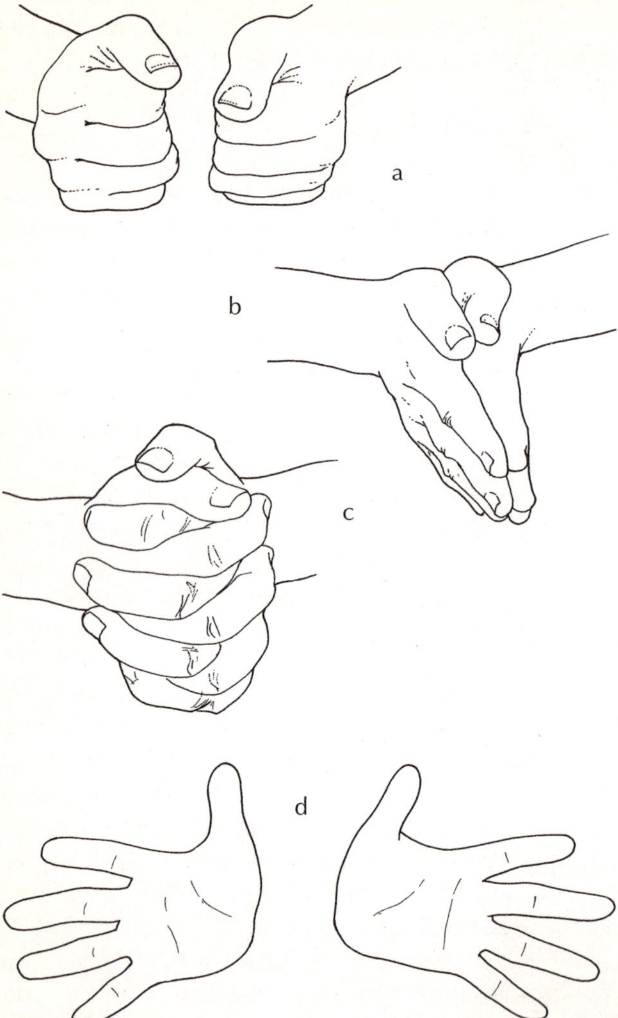

Fig. 2 – Exercices pour les mains

Les mains sèches

Les mains sèches nécessitent des soins intensifs. Mélangez 1 cuil. à café (5 ml) de miel avec quelques gouttes d'huile végétale, d'amandes douces ou d'olive et faites pénétrer en massant. Laissez pénétrer le plus longtemps possible avant de rincer vos mains avec un nettoyant sans savon.

Pour éliminer les peaux mortes, mélangez un peu de sucre semoule avec de l'huile (de votre choix) et frottez bien. Rincez, votre peau est douce et a retrouvé son tonus. Vous pouvez également désincruster vos mains en les frottant entièrement, paumes comprises avec une brosse spéciale pour le corps et un nettoyant sans savon. Rincez à l'eau froide. Ce geste active la circulation et accélère la régénération des cellules.

Soignez les mains gercées et sèches en ajoutant quelques gouttes d'huile d'amandes douces dans l'eau chaque fois que vous lavez vos mains.

Pour avoir les mains douces, faites un soin hebdomadaire. Mélangez 2 cuil. à café (10 ml) d'huile d'olive et 1 cuil. à café (5 ml) de miel liquide. Vous pouvez aussi ajouter une goutte de votre parfum ou d'huile essentielle que vous aimez. Massez bien vos mains pour faire pénétrer le mélange, laissez reposer quelques instants puis lavez vos mains avec du savon ou un gel douche doux et de l'eau tiède.

Pour débarrasser vos mains de toutes les impuretés, confectionnez un exfoliant doux. Mélangez 1 cuil. à soupe (20 ml) d'huile de tournesol et une 1 cuil. à soupe de sel. Frottez vos mains, rincez bien avec du savon ou un gel douche doux et de l'eau tiède.

Si vous aimez le jardinage et que vos mains en souffrent, protégez-les pendant que vous travaillez en les enduisant de crème sous les gants. Mélangez 1 cuil. à café (10 ml) d'huile d'amandes douces avec une quantité égale d'argile smectique et deux jaunes d'œufs. Étalez cette pâte sur vos mains et enfilez vos gants. À la fin de vos travaux, rincez. Vos mains seront impeccables.

Les ongles cassants

Empêchez vos ongles de se fendre et de se casser en les maintenant en bonne santé. Un bain d'huile régulier leur sera bénéfique. Faites doucement chauffer un peu d'huile d'amandes douces et trempez vos ongles dans ce bain environ 10 minutes. À la fin, prenez le temps de repousser les petites peaux avec un coton-tige.

Protégez en permanence vos ongles lorsque vous jardinez, faites le ménage et bricolez. Les gants en caoutchouc protègent de l'humidité, mais leur port prolongé ramollit les ongles. Portez plutôt des gants de coton fins que l'on trouve dans les pharmacies.

Une manucure naturelle

Pour une manucure rapide, essayez la recette suivante. Éliminez complètement votre vernis à ongle. Limez vos ongles en douceur avec une lime en carton, en allant des côtés vers le milieu. Lavez vos mains soigneusement et brossez vos ongles dans l'eau savonneuse. Séchez vos mains, enduisez-les de crème pour les mains et faites pénétrer en massant et en insistant sur la naissance des ongles (voir ci-dessous). Puis repoussez doucement les cuticules avec un coton-tige. Rincez toute trace de crème et séchez.

Pour stimuler la circulation du sang et de ce fait la pousse des ongles, massez la naissance de chaque ongle tous les soirs 1 minute avec un peu d'h d'amandes douces. La naissance de l'ongle se trouve juste sous le repli cutané de l'ongle.

L'huile d'amandes douces est excellente pour le soin des ongles et du repli cutané. Faites pénétrer un peu d'huile sous chaque ongle, laissez poser 10 minutes, puis lavez. Vos ongles seront beaux et en bonne santé. Vous pouvez aussi, tous les soirs, faire pénétrer en massant de la vaseline sous et autour de vos ongles. Essuyez l'excédent.

Pour avoir des ongles manucurés « à la française », massez les ongles avec de la vaseline. Enlevez l'excédent avec un papier absorbant. Faites briller les ongles en les frottant avec un polissoir. Vous pouvez procéder à ces opérations avec ou sans vernis.

Pour obtenir de jolis ongles ayant un aspect naturel, nettoyez-les et limez-les de façon impeccable. Enlevez toute trace de vernis ancien. Si vos ongles sont décolorés, ravivez-les en passant un coton-tige trempé dans le vinaigre de vin blanc. Appliquez une base de vernis claire, laissez sécher et appliquez une fine couche de vernis nacré. Laissez sécher, puis appliquez une couche de vernis rose pâle et finissez par une couche transparente pour faire briller.

Les lèvres

La vaseline rend les lèvres douces et nettes. C'est le brillant à lèvres neutre idéal. Vous pouvez l'appliquer directement avec vos doigts, utiliser un pinceau ou un coton-tige. Vous pouvez l'utiliser seul ou en association avec un rouge à lèvres. Si vous l'appliquez avant le rouge, vous obtenez un brillant subtil, si vous l'appliquez après, vos lèvres deviennent éclatantes. Enduisez vos lèvres de vaseline tous les soirs pour les entretenir et retarder l'apparition des rides.

Les boutons de fièvre

On dit que le jus de citron est un préventif contre les boutons de fièvre. L'acide citrique tue les bactéries et nettoie les peaux encrassées. Frottez une rondelle de citron sur vos lèvres lorsque vous pressentez l'apparition d'un bouton.

Le maquillage naturel

Si l'une de vos lèvres est plus sombre que l'autre – cela arrive souvent pour la lèvre supérieure – frottez-la tous les jours avec une tranche de citron et rincez à l'eau froide. Ce traitement adoucit les lèvres, si bien que vous serez tentée de l'appliquer aux deux. Mais insistez sur la lèvre supérieure pour obtenir une couleur uniforme. Faites pénétrer le citron avec vos doigts et gardez-le pendant la nuit pour qu'il soit réellement efficace.

Si vous voulez donner à vos lèvres un rouge naturel, coupez une fraise en deux, et réservez une moitié pour chaque lèvre. Frottez vos lèvres avec les fraises et rincez à l'eau chaude. Si vous n'avez pas de fraises sous la main, utilisez des framboises ou des cassis.

Hydratez vos lèvres avec une crème, avant d'appliquer le maquillage pour éviter les taches de rouge à lèvres, ou avant de vous coucher pour les adoucir. Renforcez le traitement par temps froid.

Les lèvres gercées

Le miel est un excellent hydratant naturel. Enduisez simplement vos lèvres et faites pénétrer. Gardez le plus longtemps possible.

Les ridules

Si vos lèvres sont entourées de ridules, essayez un exfoliant pour atténuer les dégâts. Faites un mélange de sucre et d'huile et frottez. Rincez à l'eau chaude.

Les exercices pour les lèvres

Les lèvres ont besoin d'exercice comme tous les autres muscles. Voyez la gymnastique faciale ou étirez vos lèvres comme pour faire un large sourire et détendez-les. Recommencez cinq fois. Faites passer les lèvres sur les dents et serrez celles-ci. Détendez-vous. Serrez vos lèvres et poussez-les en avant autant que possible. Détendez-vous et recommencez cinq fois.

Ces exercices empêchent la formation de rides autour des lèvres, vous font des lèvres pleines et empêchent le rouge à lèvres de diffuser dans les ridules.

Les dents

Les dents tachées

Éliminez quotidiennement les taches qui se forment sur vos dents – celles qui sont causées par le tabac et le vin par exemple – en brossant vos dents avec du bicarbonate de soude. Trempez la brosse à dents humide dans la poudre et brossez directement. Insistez particulièrement sur les dents de devant, les « dents du sourire ». Rincez et brossez ensuite vos dents normalement. Si les taches sont récalcitrantes, ajoutez du jus de citron au bicarbonate de soude et brossez normalement.

Pour renforcer vos gencives, faites un bain de bouche en mélangeant 2 cuil. à café (10 ml) de sel dans un verre d'eau tiède. Faites des gargarismes en insistant sur chaque dent. Ajoutez un filet de jus de citron pour blanchir vos dents. Le sel neutralise les résidus acides sur les dents même après le brossage, intervient sur la formation de la plaque dentaire, des caries et maintient la gencive en bonne santé. Appliquez ce traitement le matin et le soir avant de vous coucher pour avoir des dents et des gencives saines.

Si vous avez consommé des aliments sucrés et ne pouvez pas vous brosser les dents, mangez quelques cacahouètes salées. Le sel neutralise l'acidité du sucre. Mangez du fromage, sa teneur en calcium est excellente pour les dents.

Gardez 1 cuil. à soupe (5 ml) d'huile de tournesol dans votre bouche 15 minutes, puis rincez et brossez vos dents.

Le brossage n'est pas suffisant pour garder les dents et les gencives en bonne santé. Passez du fil dentaire au moins une fois par jour, et plus particulièrement le soir. Faites tourner le fil autour des doigts puis glissez-le de haut en bas entre les dents. Insistez sur les côtés des dents et frottez-les une à une. Mais ménagez vos gencives qui sont plus sensibles.

Changez de brosse à dents tous les trois mois. Au moment de l'achat, tenez compte de la forme de vos dents. Si elles sont petites, choisissez une petite brosse, qui sera plus facile à manipuler. Ne frottez pas trop fort, cela peut entraîner une certaine rétraction de la gencive et provoquer des maladies. Ayez la main douce et ferme à la fois.

L'haleine fraîche

Rendez votre haleine fraîche avec une infusion de camomille froide. C'est un bain de bouche délicieux et économique, bien supérieur aux produits chers que l'on trouve dans le commerce, qui sont souvent agressifs, contiennent de l'alcool et des colorants artificiels.

Une goutte d'alcool de menthe dans de l'eau rafraîchit instantanément l'haleine.

Le cou

La peau du cou accuse l'âge avant le reste du visage. Soyez particulièrement vigilante. La peau du cou est fine et délicate, évitez d'utiliser des crèmes hydratantes épaisses, car elles accentuent les rides et tendent la peau, ce qui affaisse davantage les muscles du cou.

N'utilisez que des huiles très légères. Le soir appliquez de l'huile de primevère, excellente pour la peau du cou. Mais toutes les huiles conviennent, de l'huile végétale ou de l'huile d'olive. L'huile d'amandes douces est bon marché et très efficace. Faites pénétrer l'huile en massant, de préférence le soir, pour qu'elle agisse en profondeur.

Appliquez toujours une crème hydratante avant de sortir, car la peau du cou contient peu de glandes sébacées et se dessèche facilement. Pour cette raison, vous remarquerez qu'il est rare de voir apparaître des boutons sur le cou. Si la peau brille après l'application d'huile, enlevez doucement l'excédent avec un coton à démaquiller.

Faites un gommage quotidien, de préférence le soir car la peau se régénère pendant la nuit. En désincrustant les cellules mortes vous lissez la peau et accélérez le processus de renouvellement. Cette zone nécessite des gommages plus que toute autre, même que le visage. Mais agissez en douceur, un gommage brutal provoque des rougeurs. Utilisez une brosse faciale souple et un savon doux avec de l'eau chaude, ou massez avec des flocons d'avoine broyés.

Les exercices pour le cou, la mâchoire et le menton que nous proposons stimulent le tonus de la peau et retardent l'apparition des rides.

Appliquez un masque hydratant hebdomadaire. Mélangez 1 cuil. à soupe (20 ml) de miel avec 2 cuil. à soupe (40 ml) d'huile d'amandes douces. Étalez le mélange avec un pinceau doux, un pinceau à pâtisserie fera l'affaire. Laissez reposer 30 minutes et rincez à l'eau chaude. Votre peau sera douce et lisse.

Les pieds

Si vous les négligez, vos pieds peuvent se dégrader rapidement. Cependant, quelques soins efficaces donnent des résultats rapides. Dans votre bain ou sous la douche, brossez vigoureusement vos pieds avec un loofa ou une brosse spéciale enduite de savon ou de gel douche et d'eau tiède. Insistez particulièrement sur la plante des pieds et les parties dures. Rincez à l'eau chaude et séchez soigneusement.

Pour adoucir la peau des pieds, faites un traitement hebdomadaire. Hydratez vos pieds avec de la crème corporelle ou une lotion, mettez des socquettes fines en coton et gardez-les aussi longtemps que possible, de préférence toute la nuit. Lorsque vous enlèverez vos socquettes, la crème se sera mélangée à la transpiration naturelle et vos pieds seront doux. Lavez ensuite avec un savon doux ou du gel douche.

Après une journée difficile, soulagez vos pieds en leur accordant un bain d'eau chaude salée. Ajoutez une vingtaine de gros galets et faites-les rouler sous vos pieds. Ils ont un effet de massage relaxant.

Si vous n'aimez pas les bains de pieds, faites glisser la plante de vos pieds d'avant en arrière sur un rouleau à pâtisserie. Cela procure une sensation de bien-être particulièrement pour la cambrure du pied. Mais vous pouvez faire la même chose dans l'eau, si vous préférez.

Soulagez vos pieds douloureux en les baignant 10 minutes dans de l'eau chaude additionnée de quelques gouttes d'huile de lavande ou de sels de bain. Plongez ensuite vos pieds dans l'eau froide et essuyez-les bien. Un massage rapide avec du jus de citron soulage également les pieds fatigués. Soignez et guérissez les ampoules en les saupoudrant de farine de blé.

Après une journée fatigante, pour activer la circulation sanguine qui stagne dans les pieds et le bas des jambes, couchez-vous contre un mur. Tendez vos jambes au-dessus de votre tête, appuyez-les contre le mur et restez ainsi 2 minutes ou aussi longtemps que nécessaire pour rétablir la circulation. Si la station debout prolongée a fatigué et fait gonfler vos pieds, stimulez la circulation en les trempant alternativement dans une bassine d'eau chaude, puis froide. Plus l'écart de température est important, plus l'exercice sera efficace. Séchez délicatement.

Maintenez vos chevilles souples avec un exercice facile. Asseyez-vous, puis tendez vos jambes en avant et faites des mouvements de rotation avec les chevilles. Une douzaine de fois dans un sens, puis dans l'autre.

Éliminez les anciennes traces de vernis à ongles et lavez vos pieds dans de l'eau chaude savonneuse pour les rendre bien propres. Coupez les ongles bien droit sans supprimer les angles pour éviter les ongles incarnés. Utilisez une pierre ponce pour éliminer les peaux dures sur la plante des pieds et les talons. Ne frottez pas trop fort, un usage léger et régulier est préférable.

4
Exercices pour le visage et le corps

Exercices pour le visage

La plupart des expressions de notre visage font appel à des muscles qui ne préservent pas sa jeunesse et encouragent la formation de rides. La gymnastique faciale, en revanche, fait travailler certains muscles souvent paresseux et inutilisés. Vous pouvez faire travailler les muscles du visage de la même façon que ceux du corps, et ainsi en affermir les contours. Comme les muscles sont reliés à la peau, celle-ci bénéficiera de l'amélioration générale de leur tonus.

Pour soulager les tensions

Pour éliminer les tensions et prévenir les rides, essayez les exercices suivants, pratiqués en Chine.

Réchauffez vos mains en les frottant rapidement l'une contre l'autre. Placez le majeur et l'annulaire sur les paupières, juste sous l'arcade sourcilière et appuyez doucement. Recommencez trois fois.

Posez les doigts des deux mains à plat sur votre front. Appuyez fermement et tirez légèrement la peau vers le haut et vers l'extérieur. En même temps, poussez vos sourcils vers le bas et fermez lentement vos yeux en serrant, jusqu'à ce que vous ayez la sensation que vos yeux et votre front exercent une poussée en sens opposé. Avec les auriculaires, appuyez entre les sourcils afin d'empêcher la formation de rides. Relaxez-vous et recommencez trois fois.

Stimulez les muscles des mâchoires qui tendent à accumuler les tensions. Pour cela, commencez par les localiser en plaçant les doigts sur les côtés du visage puis ouvrez et fermez la bouche plusieurs fois. Posez vos doigts dans le creux des articulations. Appuyez doucement et faites des mouvements de rotation avec le bout de vos doigts 30 secondes.

Frottez vivement vos joues de haut en bas avec la paume des mains. Avec le majeur et l'annulaire, caressez votre front en direction des tempes, en lissant les rides. Éliminez les tensions par des massages du bout des doigts, en dessinant des cercles décroissants. Faites des grimaces avec vos yeux, nez, joues, mâchoires et bouche.

La prévention des rides et des ridules

Pour éviter la formation de rides autour du nez et de la bouche, enroulez votre lèvre supérieure autour des dents du haut et votre lèvre inférieure autour de celles du bas. Pincez fortement vos lèvres et soufflez aussi fort que possible, tout en gardant la bouche fermée. Comptez jusqu'à six. Reposez-vous et recommencez trois fois.

Formez un O avec vos lèvres en poussant sur vos mâchoires et votre lèvre supérieure. Enroulez légèrement votre lèvre supérieure autour de vos dents, comptez jusqu'à six puis reposez-vous. Recommencez en inclinant la tête en arrière. Tournez votre tête vers la droite et faites le O. Recommencez à gauche. Reprenez la séquence trois fois.

Pour tonifier les muscles des joues, remplissez votre bouche d'eau et conservez-la aussi longtemps que possible – c'est la pression qui agit. Puis détendez-vous.

Pour donner du tonus aux muscles des joues et du menton, souriez la bouche fermée. Poussez vos joues et les commissures des lèvres vers le haut. Comptez jusqu'à six, puis toujours dans la même position poussez votre mâchoire en avant et comptez jusqu'à six. Reposez-vous et souriez cette fois, la bouche légèrement ouverte en tirant les commissures des lèvres vers l'extérieur. Comptez jusqu'à six, puis dans la même position poussez votre mâchoire en avant et recomptez jusqu'à six. Reprenez tout l'exercice trois fois.

Pour empêcher la formation d'un double menton, poussez votre mâchoire inférieure en avant, et avec le dos de la main, tapotez le bas du menton, 30 secondes. Faites un mouvement régulier et ferme, sans taper trop fort. Changez de main, et recommencez.

Pour renforcer les muscles du cou, pincez vos lèvres et placez vos index sur le cou, de part et d'autre de la trachée. Massez doucement mais fermement, de haut en bas 30 secondes.

Exercices pour les yeux

Évitez la formation de pattes-d'oie en appuyant l'index et le majeur horizontalement sur le coin des yeux. Fermez doucement les yeux en utilisant les muscles placés sous les yeux. Comptez jusqu'à six et recommencez trois fois.

Évitez la formation de paupières tombantes en plaçant les deux index sous les sourcils. Appuyez sur l'os et poussez légèrement vers le haut tout en fermant les paupières. Lorsque vous sentez la peau se tendre, comptez jusqu'à six. Détendez-vous, ouvrez les yeux et recommencez trois fois.

Pour soulager la fatigue oculaire, appuyez fermement sur l'arête du nez une seconde. Recommencez cinq fois.

Pour soulager la tension, bougez vos yeux vers le haut, vers le bas, vers la droite et vers la gauche. Puis déplacez-les en diagonale d'en haut à droite, vers en bas à gauche, ensuite d'en haut à gauche puis en bas à droite. Faites-les rouler dans le sens des aiguilles d'une montre, puis en sens inverse. Tenez votre pouce à 30 cm de vos yeux et fixez des points imaginaires, l'un derrière votre pouce et l'autre devant (fig. 3). Finissez par un « masque » oculaire : frottez les paumes de vos mains pour les réchauffer, puis placez-les sur vos yeux fermés. La chaleur et l'obscurité relaxent les yeux.

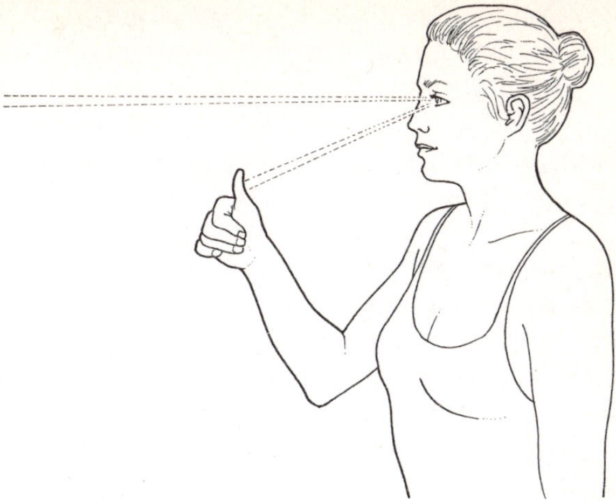

Fig. 3 – Soulagez la tension oculaire en plaçant votre pouce à environ 30 cm de vos yeux. Fixez des points imaginaires, l'un devant votre pouce, l'autre derrière.

Les exercices corporels

Le maintien

Votre mère vous a sûrement dit de vous tenir droite, elle avait raison. Une mauvaise posture est souvent révélatrice : elle indique en général une piètre opinion de soi-même. Mais un bon maintien n'est pas uniquement une question d'estime de soi, elle est essentielle pour éviter les problèmes de dos, de poitrine, et même respiratoires. Alors que les mauvaises positions peuvent provoquer des déformations, de bonnes habitudes de maintien vous feront paraître plus mince.

En vous tenant mal, vous risquez des tensions dans la nuque et les épaules, une accentuation des rides du cou, des difficultés respiratoires, l'affaissement de la poitrine, l'apparition d'un ventre proéminent. Pour éviter ces désagréments, suivez les quelques conseils suivants. Tendez votre cou vers le haut, sans pour autant tirer. Si vous avez tendance à vous affaisser, détendez vos épaules. Tenez-vous bien droite, sans laisser tomber les épaules sur la poitrine. Rentrez votre ventre en retenant votre respiration, si vous vous laissez aller, il aura tendance à devenir visible.

Vos fesses ne doivent pas être en arrière. Pour l'éviter, alignez vos hanches avec votre taille. La meilleure technique qui consiste à marcher avec un livre sur la tête est très efficace. Vous pouvez aussi vous accrocher au montant d'une porte ou vous tenir droite contre un mur. Ne forcez pas la position, mais suivez le mouvement naturel de la colonne vertébrale.

Votre colonne vertébrale et votre nuque doivent être alignées et le port de votre tête souple. Lorsque vous saurez que votre tête pèse environ 6 kg, vous comprendrez que lorsqu'elle tombe en avant, elle exerce une tension sur les muscles de la nuque et des épaules, et force le corps tout entier à compenser ce déséquilibre. Détendez votre poitrine, vos épaules et le haut du dos. Ne poussez vos épaules ni vers le haut ni vers l'avant.

Développez la stabilité et l'équilibre naturels de votre bassin, vos jambes et vos pieds, en faisant circuler le poids du corps à travers eux jusque vers le sol. Pensez toujours à vous détendre et à vous tenir droit. Aménagez votre plan de travail et de bureau de manière à éviter les mouvements et rotations inutiles. Penchez-vous et redressez-vous toujours correctement, en utilisant les muscles des jambes, en pliant les genoux et les hanches et en gardant le dos droit.

À la fin d'une journée fatigante, allongez-vous sur le sol 10 minutes, et laissez tout le poids de votre corps « s'enfoncer » dans le sol. Respirez lentement et profondément, pour éliminer les tensions et le stress. Modifiez votre humeur en vous attachant à toujours garder une position équilibrée. Imaginez les dimensions de votre corps dans l'espace (hauteur, largeur et enracinement au sol) et vous vous sentirez d'autant mieux. Les massages (voir chapitre 5) aident à soulager la tension musculaire et permettent de rétablir équilibre et détente.

La technique Alexandre (voir plus loin), permet de rééduquer tous vos gestes en travaillant l'alignement de la colonne vertébrale, de la nuque et de la tête, ainsi que la libération des tensions.

La libération des tensions

Pour soulager les tensions et stimuler l'énergie, essayez cet exercice de yoga. Mettez-vous debout, les jambes écartées de 45 cm. Laissez tomber vos bras le long du corps. En commençant par la tête, laissez aller votre corps vers l'avant jusqu'à la taille. Laissez pendre la tête et les bras mollement. Sans forcer, descendez aussi bas que possible sans être inconfortable. Tenez cette position et comptez jusqu'à dix. Remontez doucement, restez détendue, et redressez la tête en dernier.

Pour soulager la tension dans vos épaules, asseyez-vous bien droite et laissez pendre vos bras le long du corps. Respirez par le nez en gardant la bouche fermée. Tirez vos épaules vers l'arrière et remontez-les à la hauteur de vos oreilles, tout en retenant votre souffle. Comptez jusqu'à cinq, expirez doucement en détendant votre nuque et ramenant vos épaules vers l'avant en position normale. Reposez-vous brièvement et recommencez. Faites cet exercice six fois dès que la tension se fait sentir.

Soulagez les migraines, maux de tête et règles douloureuses par un exercice de relaxation. Couchez-vous par terre sur le dos, écartez légèrement les jambes, ainsi que les bras et tournez les paumes vers le haut. Respirez profondément par le ventre, en le gonflant à chaque inspiration et en le vidant à chaque expiration. Sentez-vous de plus en plus détendue à chaque expiration. Restez ainsi 5 minutes. Cet exercice soulage le stress et diminue la cadence du pouls.

La respiration totale pratiquée dans le yoga est un moyen simple d'apprendre à utiliser vos poumons de façon efficace. Il est utile aux personnes souffrant d'affections respiratoires, comme l'asthme, la bronchite, etc.

Allongez-vous par terre sur un tapis, ou sur le sol, si vous vous trouvez à l'extérieur. Les bras à quelques centimètres du corps, les paumes tournées vers le bas.

Fermez les yeux et inspirez lentement par le nez. Gonflez votre ventre légèrement, faites passer l'air dans la cage thoracique puis dans votre poitrine. Retenez votre respiration quelques secondes.

Expirez lentement par le nez en un souffle régulier jusqu'à ce que votre ventre soit plat et que votre cage thoracique et votre poitrine soient détendues.

Restez ainsi quelques secondes et recommencez deux ou trois fois.

Inspirez lentement et remontez progressivement vos bras au-dessus de votre tête jusqu'à ce que le dos de vos mains touche le sol.

Retenez votre respiration 10 secondes.

Expirez lentement en ramenant vos bras le long du corps.

Recommencez deux ou trois fois.

Une technique similaire permet une relaxation totale du corps et de l'esprit. Débranchez le téléphone et allongez-vous bien à plat sur le dos, les jambes serrées et les bras le long du corps. En détendant vos jambes et vos pieds, ceux-ci s'écartent légèrement. Les paumes tournées vers le haut, laissez vos bras devenir mous. Remontez le menton et tenez la tête légèrement en arrière. Fermez les yeux. Détendez tous les muscles du visage et entrouvrez votre bouche. Concentrez-vous sur votre respiration et ralentissez-la. Si votre attention vagabonde, ramenez-la à votre respiration. Même quelques minutes suffisent pour vous détendre complètement. Relevez-vous lentement.

Pour soulager les indigestions, souvent provoquées par les tensions, tenez-vous droite sur vos jambes, les bras le long du corps. Rentrez le ventre et inspirez profondément. Comptez jusqu'à cinq, puis expirez lentement et détendez la partie supérieure du corps. Respirez normalement et recommencez cinq fois.

Pour tonifier les muscles

Faites quelques exercices de yoga simples pour tonifier votre corps. La respiration abdominale profonde libère les tensions physiques et mentales et accroît l'énergie.

Pour améliorer la circulation sanguine, faites ces exercices chaque matin. Mettez-vous debout et tirez doucement vos épaules en arrière, d'abord une épaule après l'autre puis les deux en même temps. Penchez la tête d'abord d'un côté puis de l'autre, en tirant légèrement sur le cou. Mettez les mains sur les hanches, penchez-vous d'un côté puis de l'autre à partir de la taille, en maintenant la position quelques secondes. Gardez les mains aux hanches, écartez les jambes, pliez les genoux, puis étirez-vous sur la pointe des pieds. Recommencez cinq fois.

Défoulez-vous, cela encourage la production d'une hormone, la bêta-endorphine, qui aide à combattre le stress et procure un certain bien-être. Cela permet également de brûler des calories !

Le matin, avant toute chose, faites les exercices simples qui suivent, vous serez en pleine forme.

Tenez-vous aussi droite que possible, sans raidir le dos. Sautez en écartant vos bras et vos jambes. Retournez à la position initiale et recommencez dix fois.

Pour tonifier les muscles de vos hanches et de votre taille, écartez légèrement vos bras du corps. Tenez vos jambes serrées, pliez légèrement vos genoux et déplacez vos pieds vers la gauche. Sautez tout en opérant un demi-cercle de telle sorte que vos pieds se trouvent sur votre droite. Faites cet exercice dix fois.

Courez sur place, c'est un excellent exercice que vous pouvez pratiquer tout en regardant la télévision. Tenez-vous près d'une fenêtre ouverte pour profiter pleinement de l'air que vous inspirez et expirez. Les genoux serrés, penchez-vous en avant aussi loin que possible, puis sautez aussi haut que vous le pouvez. Recommencez dix fois.

Après ces exercices d'aérobic doux, détendez-vous en vous allongeant 5 minutes sur le sol. Pendant ce temps raffermissez vos muscles fessiers. Soulevez vos fesses légèrement du sol (fig. 4). Maintenez cette position quelques secondes, puis détendez-vous. Recommencez dix fois.

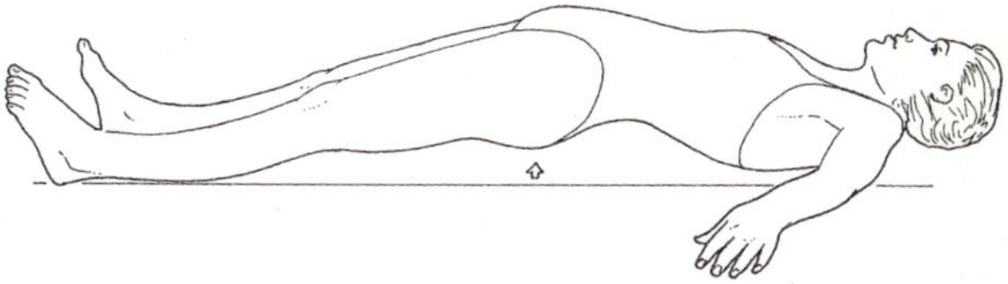

Fig. 4 – N'utilisez que les muscles fessiers pour soulever votre corps.

Gymnastique aquatique

La natation est le sport le plus efficace. Nagez une à deux fois par semaine, vous en constaterez rapidement les bienfaits. La natation fait travailler toutes les parties du corps, mais nous vous conseillons les exercices suivants.

Le poids de l'eau pèse sur les mouvements et les rend plus efficaces. L'eau est meilleur conducteur que l'air, elle absorbe les chocs et atténue les coups. Dans l'eau, vous souffrirez moins de crampes ou d'autres douleurs liées à certains exercices.

Exercices d'échauffement

Avant de commencer, assouplissez et échauffez vos articulations et vos muscles.

Vous êtes debout dans la piscine avec de l'eau jusqu'aux épaules, les jambes droites et les bras le long du corps. Remontez les bras en formant un arc de cercle jusqu'au niveau de l'eau (fig. 5). Gardez-les bien tendus et ramenez-les devant vous en formant un autre arc de cercle, jusqu'à ce que vos mains se rejoignent (tenez vos mains à plat et vos doigts serrés). Refaites ces mouvements en sens inverse jusqu'à reprendre la position initiale. Refaites le même exercice dix fois. Il assouplit le buste, les épaules, les bras et la taille (fig. 6).

Les exercices suivants permettent d'échauffer la partie inférieure du corps, les cuisses et les jambes. Reprenez votre position initiale et tenez votre genou gauche avec les deux mains. Montez doucement aussi haut que vous le pouvez, si possible au-dessus du niveau de la taille. Reprenez votre position initiale et refaites l'exercice avec le genou droit. Recommencez dix fois pour chaque genou (fig. 7).

Mettez les mains aux hanches, remontez le genou gauche et lancez votre jambe en avant en la tendant. Redescendez la jambe en dessinant un arc de cercle et reprenez votre position initiale. Recommencez avec la jambe droite et répétez le mouvement dix fois pour chaque jambe (fig. 8).

Remontez votre bras gauche latéralement jusqu'à la surface de l'eau. Tenez-vous droite, jambes tendues, puis remontez doucement votre jambe gauche en dessinant un arc de cercle et en essayant de toucher votre main avec les orteils. Si vous n'y arrivez pas, allez aussi loin que possible sans forcer vos muscles. Reprenez votre position initiale et recom-

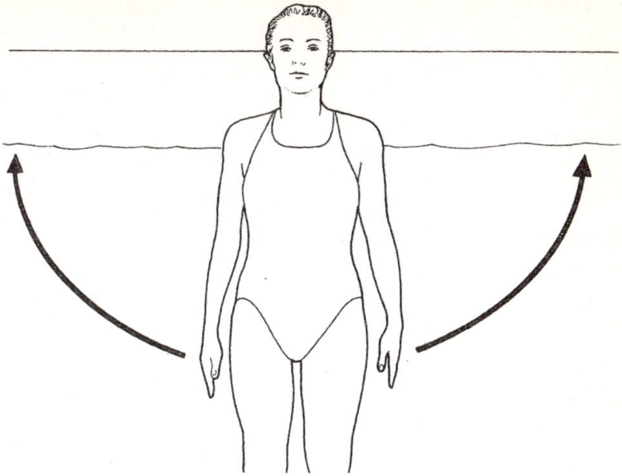

Fig. 5 – Remontez vos bras tendus jusqu'au niveau de l'eau, en formant un arc de cercle.

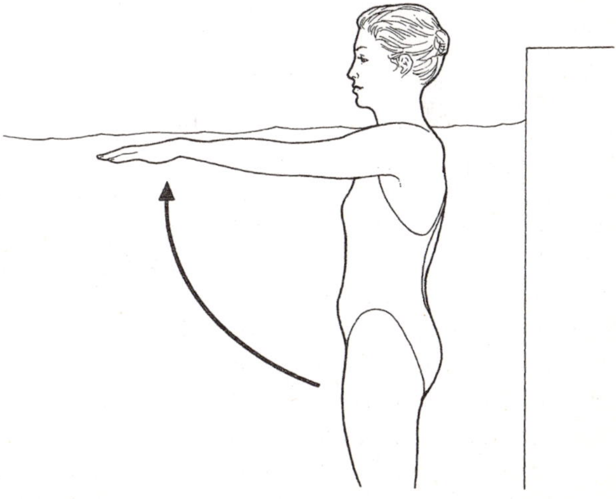

Fig. 6 – Ramenez vos bras tendus devant vous, en les déplaçant parallèlement à la surface de l'eau.

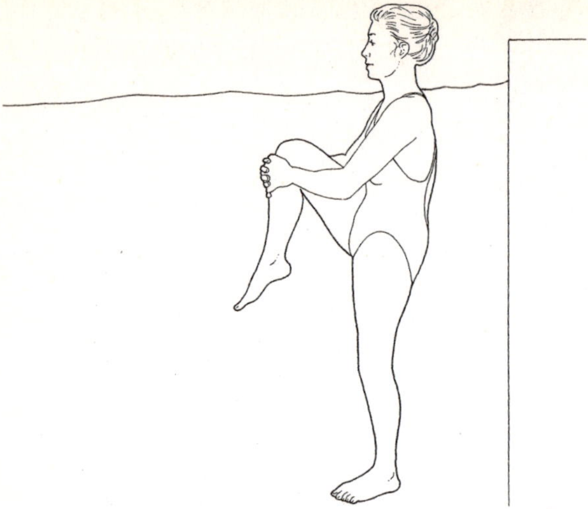

Fig. 7 – Remontez vos genoux aussi haut que vous le pouvez.

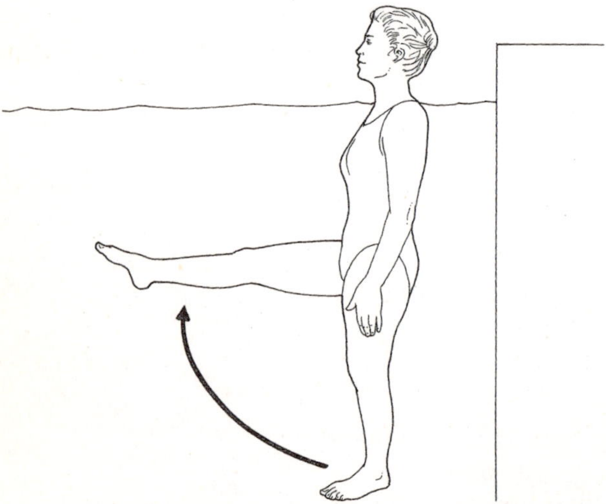

Fig. 8 – Tendez vos jambes et vos orteils, et remontez-les aussi haut que vous le pouvez. Maintenez la position.

mencez le même exercice avec la jambe droite. Répétez l'exercice dix fois pour chaque jambe (fig. 9).

Fig. 9 – Tenez-vous droite, remontez votre jambe latéralement, bien tendue et aussi haut que vous le pouvez.

Détendez votre nuque. Tenez-vous droite et penchez doucement votre tête en avant, jusqu'à ce que votre menton touche votre poitrine. Remontez la tête et penchez-la en arrière aussi loin que possible, sans forcer, il faut que vous vous sentiez à l'aise. Puis penchez votre tête vers la gauche, aussi loin que vous le pouvez, puis vers la droite. Recommencez chaque mouvement cinq fois.

Pour finir faites un exercice qui vous permettra de retenir votre souffle sous l'eau. Tenez-vous droite, pliez vos genoux jusqu'à vous immerger complètement dans l'eau. Maintenez cette position quelques secondes et remontez rapidement. Recommencez cinq fois.

Exercices de gymnastique

Après vous être échauffée, vous vous sentirez plus à l'aise pour faire les exercices proprement dits. Faites un maximum d'efforts, mais ne forcez jamais. Augmentez vos efforts au fur et à mesure que vous vous familiariserez avec les exercices.

Pour le premier exercice, placez-vous dans un endroit où l'eau vous arrive au cou lorsque vous vous êtes debout. Cet exercice simple affine la taille, raffermit les hanches et tonifie les cuisses.

Reposez la tête sur le bord de la piscine, tendez vos bras le long du bord et saisissez-le des deux mains. Tendez vos jambes et ne bougez plus. Remontez lentement votre jambe gauche latéralement, tendez vos orteils et essayez de toucher le bord ou votre main gauche. Allez aussi loin que possible mais ne forcez jamais. Maintenez votre jambe dans cette position quelques secondes, puis redescendez-la et posez-la sur le fond de la piscine. Reprenez votre position initiale. Refaites le même exercice avec la jambe droite. Recommencez dix fois pour chaque jambe.

Puis, en position debout, les jambes serrées, les bras toujours tendus parallèlement au bord, fléchissez les genoux et faites pivoter votre corps vers la gauche. Vos genoux doivent se trouver à la hauteur de la taille et toucher la paroi de la piscine. Maintenez cette position quelques secondes, puis faites pivoter vos genoux en dessinant un arc de cercle vers la droite (fig. 10). Maintenez la position quelques secondes et pivotez vers la gauche. Recommencez en pivotant dix fois vers la droite et dix fois vers la gauche. Cet exercice affine la taille, raffermit les cuisses et les fesses.

Pour raffermir les cuisses et les fesses, mais aussi les abdominaux, vous pouvez faire l'exercice suivant. Tenez-vous debout contre la paroi de la piscine, et tenez le bord. Vous pouvez soit plier les coudes, soit garder les bras tendus. Remontez vos jambes devant vous en les laissant flotter dans l'eau. Rassemblez-les et tendez les orteils. Détendez-vous quelques instants et laissez-vous flotter. Pliez vos genoux jusqu'à toucher la poitrine. Gardez cette position quelques secondes, puis en déployant un maximum d'efforts lancez vos pieds en avant et tendez vos jambes, parallèlement à la surface de l'eau ainsi que les orteils. Maintenez cette position quelques secondes. Recommencez dix fois.

Fig. 10 – Remontez vos genoux et faites pivoter votre corps, d'un côté puis de l'autre.

L'exercice suivant est excellent pour la partie supérieure du corps, la poitrine, les bras, les épaules et le cou. Il permet d'effacer le double menton. Il peut également se faire hors de l'eau.

Tenez-vous debout face au bord de la piscine, les jambes droites et serrées. Pliez vos coudes et tenez le bord. Remontez tout votre corps, jusqu'à ce que votre menton se trouve au-dessus du bord. Maintenez cette position quelques secondes, puis redescendez.

Recommencez au moins vingt fois, et davantage à chaque fois que vous refaites l'exercice.

Si vous le trouvez trop difficile, essayez une version plus douce qui aide néanmoins à raffermir la poitrine et les bras.

Tenez le bord de la piscine avec vos mains, flottez sur le ventre en tendant vos bras et vos jambes. Pliez vos coudes et tirez votre corps vers le bord jusqu'à le toucher. Puis poussez en arrière pour reprendre la position de départ. Recommencez vingt fois.

La marche dans l'eau

Parmi tous les exercices que nous proposons, essayez aussi de marcher dans l'eau ! Cela peut paraître étrange, mais la marche aquatique est en réalité beaucoup plus efficace que la marche normale.

Pour un maximum d'efficacité, cherchez l'emplacement où le niveau de l'eau atteint votre cou. Si vous êtes débutante, commencez par l'emplacement où elle atteint vos épaules. Votre corps doit impérativement être immergé car l'eau soutient vos membres et en même temps fait travailler vos muscles pendant que vous vous déplacez.

Marchez d'un côté de la piscine à l'autre. Cet exercice est plus difficile qu'il n'y paraît car l'eau exerce une pression opposée à la direction dans laquelle vous avancez et vous devez lutter contre elle. Faites un maximum d'efforts en soulevant vos genoux jusqu'à la taille et en balançant vos bras. Marchez ainsi environ 50 m.

Techniques de relaxation

Lorsque vous avez achevé tous vos exercices de gymnastique, détendez-vous en vous laissant flotter. Si vous êtes débutante et avez du mal à vous laisser aller, vous vous sentirez plus à l'aise si vous utilisez des brassards ou des flotteurs.

Allez à l'endroit où la piscine est peu profonde et faites la planche. Tendez vos jambes et vos orteils et laissez vos bras le long du corps. Vous pouvez placer un flotteur sous votre dos ou vous tenir d'une main au bord de la piscine.

Laissez-vous flotter 5 minutes, en limitant vos mouvements au strict minimum afin de rester détendue. Imaginez que vous vous trouvez sur une île tropicale, en train de vous dorer au soleil.

Vous pouvez essayer le même exercice sur le ventre, mais ce sera plus facile si vous tendez vos bras devant vous, en tenant le bord de la piscine, si nécessaire. Laissez-vous flotter 5 minutes.

Cet exercice permet à tous vos muscles de se reposer, car c'est l'eau qui vous soutient, et non vos muscles.

5
Les méthodes naturelles de relaxation

Les quelques programmes thérapeutiques suivants peuvent opérer des miracles pour votre santé et votre bien-être général. Ils vous aideront à vous détendre, et à résoudre quelques problèmes bien précis.

Comment trouver un thérapeute

Un bon thérapeute peut considérablement améliorer votre état général, mais souvenez-vous que nombre d'entre eux ne sont pas qualifiés pour exercer des pratiques médicales. Consultez toujours des thérapeutes conseillés par les associations professionnelles.

Sachez que : en raison de sa non-qualification, un thérapeute n'est pas habilité à délivrer un diagnostic. Au cours de la première séance, il doit vous interroger en détail sur votre passé médical, sur les médicaments que vous prenez et sur toutes vos maladies; il doit travailler en association avec votre médecin et s'adresser à lui s'il propose un traitement qui lui paraît plus approprié; il ne doit pas affirmer que la thérapie seule est suffisante pour vous guérir.

Votre thérapeute ne doit jamais prétendre tout savoir et essayer de vous soigner en cas de maladie grave, mettant votre vie en danger, telle que le cancer. Il ne doit pas préconiser des traitements miracles et doit vous conseiller d'arrêter un traitement s'il s'avère inefficace ou s'il a atteint ses limites.

Les massages

Bien que pour pratiquer un massage corporel, il soit nécessaire de faire appel à un spécialiste, vous pouvez masser vous-mêmes certaines parties du corps, comme les pieds et le visage. En revanche, votre conjoint ou un ami peut vous faire un simple massage du dos.

Massages des pieds

En Extrême-Orient, on considère les massages des pieds comme essentiels. On pense qu'ils stimulent le système immunitaire et gardent les pieds souples et les chevilles fines. Asseyez-vous et croisez vos jambes. Tenez un de vos pieds avec les deux mains et malaxez la voûte plantaire avec vos pouces. Massez la plante et les côtés des pieds avec vos pouces et le bout des doigts. Tordez doucement chaque orteil. Appuyez en rythme, en alternant la pression de chaque main. Caressez les pieds, des orteils aux chevilles. Prenez vos pieds à pleines mains et massez encore la voûte et la plante des pieds. Pliez vos orteils en avant et en arrière et faites-les pivoter en douceur. Posez les pieds à plat et caressez des chevilles aux orteils (fig. 11).

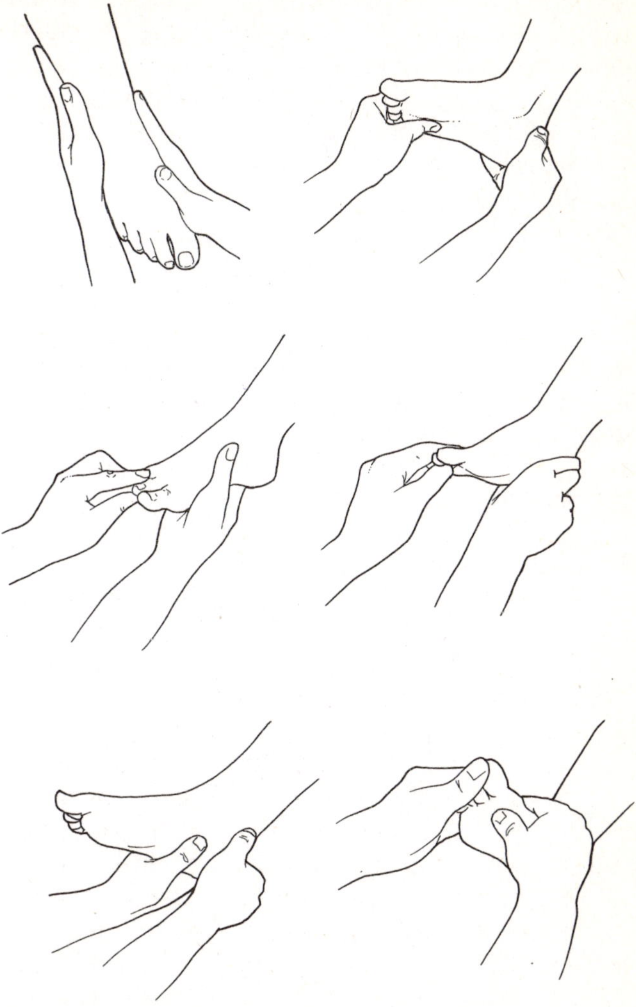

Fig. 11 – Massages des pieds.

ıtiquez pendant 20 minutes un massage orien- e « Do-in », sorte d'auto-massage qui utilise de ıegers tapotements pour stimuler les extrémités nerveuses endormies et les énergies. Assis par terre, tapotez doucement la plante des pieds avec les jointures des doigts. Tapotez chaque jambe de bas en haut et de haut en bas. Poursuivez sur tout le corps, sur les bras puis finissez par le cuir chevelu, les épaules et la nuque.

Stimulation du drainage lymphatique

Ce massage aide à drainer et à éliminer les impuretés du visage. Avec des gestes fermes, faites courir le bout de vos doigts autour de vos orbites et sur vos joues. Puis partez du menton, le long des mâchoires. Recommencez quinze fois (fig. 12).

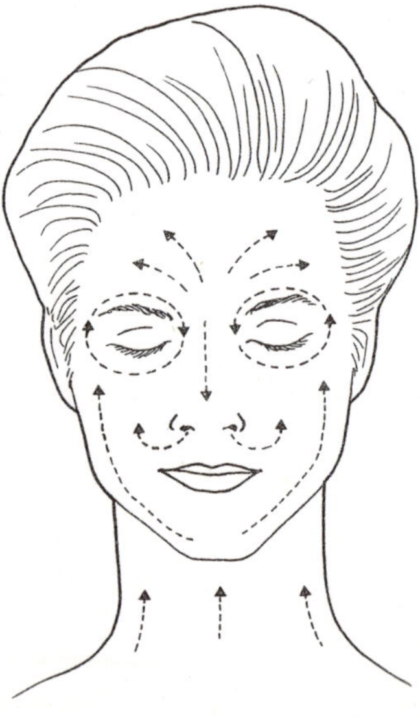

Fig. 12 – Massage stimulant le drainage lymphatique.

Massage du dos

Prenez soin de votre dos. En cas de problèmes, évitez certains massages qui peuvent aggraver la situation. Si vous pensez qu'un massage doux peut vous être profitable, consultez votre médecin.

Faites ce massage à votre conjoint ou à un(e) ami(e). D'abord, palpez le dos pour repérer les tensions, qui apparaîtront rapidement sous forme de plaques rouges. Poussez avec les deux mains depuis la nuque jusqu'aux fesses. Recommencez plusieurs fois (fig. 13 a).

Puis posez une main sur la colonne vertébrale, écartez l'index et le majeur d'environ 12 mm, en la plaçant de part et d'autre de la colonne. Posez l'autre main sur la première et appuyez en remontant pour libérer les blocages. Recommencez (fig. 13 b).

Avec vos pouces, faites un mouvement de rotation de chaque côté de la colonne vertébrale pour soulager la tension musculaire (fig. 13 c). Puis caressez doucement de bas en haut plusieurs fois en utilisant alternativement chaque main.

Appuyez vos deux mains sur le dos tout en malaxant les chairs, puis détendez la pression (fig. 13 d). Commencez au niveau des fesses puis remontez jusqu'au dos. Répétez pour chaque côté du dos.

Remontez légèrement sur chaque épaule et malaxez délicatement la peau de l'omoplate ; massez fermement (fig. 13 e). Puis massez en effectuant un mouvement circulaire.

Comment raviver votre teint en un clin d'œil

Deux minutes par jour suffisent pour masser votre peau, stimuler la circulation et vous donner bonne mine. Faites-le après avoir nettoyé votre peau, le

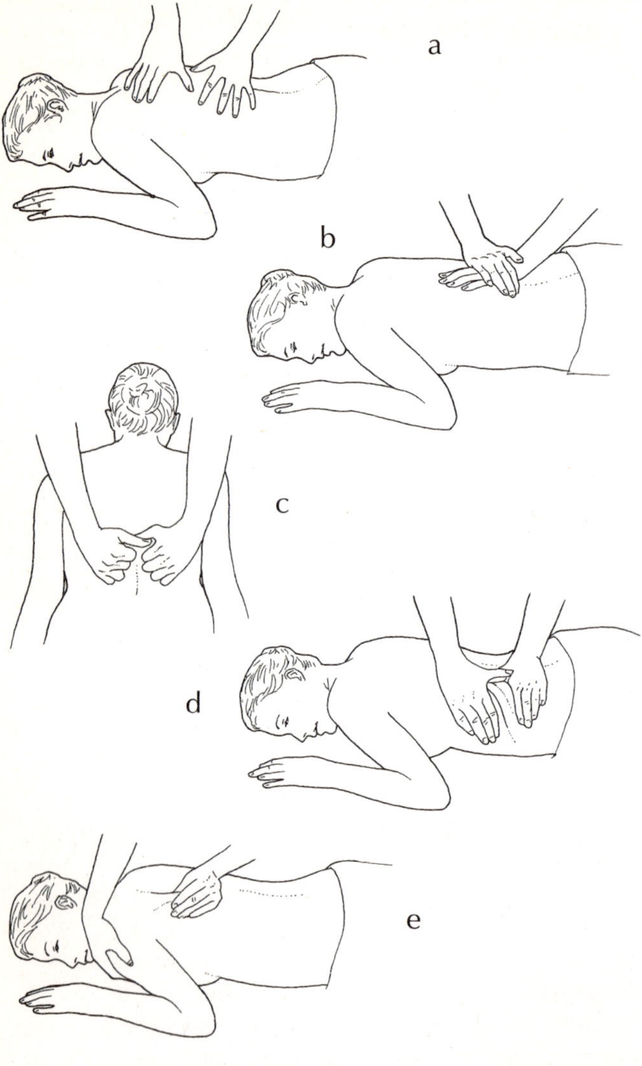

Fig. 13 – Massage du dos.

matin ou bien le soir, pour vous sentir en ple
forme, et resplendissante (fig. 14).

Appliquez d'abord une lotion hydratante ou une huile légère. Avec les deux mains, étalez le produit en partant du cou jusqu'au front.

Si vous faites votre séance de massage le matin, pincez doucement votre peau, en allant des pommettes aux mâchoires, puis avec vos index faites des mouvements circulaires sur les ailes du nez et, en montant, jusqu'au-dessus des sourcils. Appuyez pendant deux secondes sur les coins internes et externes des deux yeux et sur les sourcils.

Pour stimuler la circulation sanguine à la surface de la peau, tapotez votre visage, du cou jusque sous les yeux.

Effleurez la peau avec vos index, des sourcils jusqu'à la racine des cheveux. Faites ce geste rapidement le matin pour vous réveiller et plus lentement le soir pour vous détendre.

Pour finir, placez les deux mains sur le nez et la bouche et caressez votre visage plusieurs fois. Faites ce geste rapidement le matin et lentement le soir. Vous verrez très vite la différence !

Autres techniques de massage

Un brossage quotidien de la peau, pendant 5 minutes, permet d'éliminer les peaux mortes, aide les glandes lymphatiques à évacuer les toxines qui sont responsables de la cellulite, et ainsi adoucir la peau et supprimer les rugosités. Utilisez une brosse en soie à poils fermes et passez-la sur la peau de bas en haut, en commençant par la plante des pieds. Faites-le avant de prendre un bain ou une douche. Insistez sur les hanches et les cuisses pour agir sur la cellulite et améliorer le grain de la peau.

(Voir également Annexe 2.)

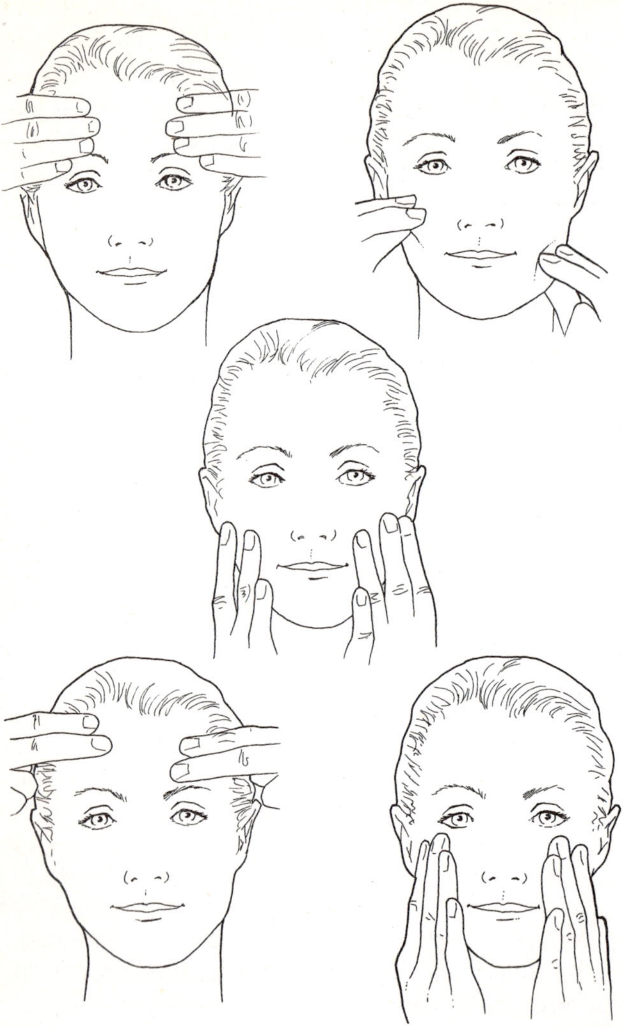

Fig. 14 – Pour raviver votre teint en un clin d'œil.

Si vous êtes épuisée, stimulez la production d'adrénaline en appuyant sur un point précis, situé dans la paume de la main. Tracez une ligne diagonale fictive partant du pouce jusqu'à l'auriculaire et une autre ligne partant de la jointure entre l'index et le majeur et croisant la première. Le point de pression se trouve à l'intersection de ces deux lignes. Appuyez fermement pendant 30 secondes avec votre index. Faites de même pour l'autre main.

Améliorez votre circulation et réduisez la cellulite en vous frottant avec un gant de massage dans le bain ou sous la douche. Massez avec des gestes amples, toujours en direction du cœur.

Apaisez les tensions du visage par de légers massages avec une huile spéciale pour le visage (n'utilisez pas d'huile essentielle). Nettoyez votre visage, puis du bout des doigts appliquez l'huile sur le visage et le cou. Avec le plat de la main, commencez par le cou en remontant sur le menton, puis faites de petits mouvements circulaires autour du nez. Passez doucement autour des yeux, puis passez sur le nez, pour finir par le front. Faites la chandelle pour activer votre circulation. Ces exercices rechargeront tout votre corps en énergie !

La réflexologie

Les réflexologues pensent que toutes les parties du corps ont un point correspondant sur le visage, les mains et les pieds. En massant ces points précis, les points de réflexe, on peut libérer les tensions qui paralysent les flux d'énergie interne. La réflexologie

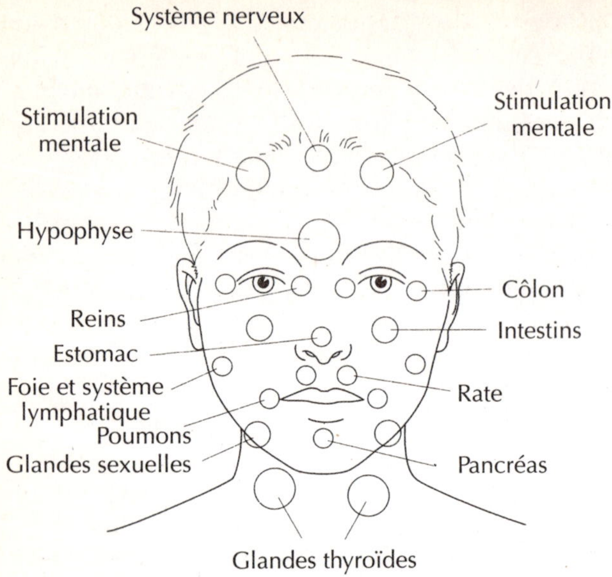

Fig. 15 – Zones de réflexologie situées sur le visage.

permet d'éliminer les déchets accumulés dans le corps par la maladie et le stress, responsable de 75 % de toutes nos maladies. Elle accélère la circulation du sang en direction des organes et améliore la vitalité, et l'état de santé général.

La réflexologie aide aussi à éliminer les toxines, déchets provenant de l'absorption d'alcool, de viande rouge, de caféine, de tanin (contenu dans le thé) et de cigarettes, dont le corps ne peut pas se débarrasser seul. Au lieu de les évacuer, le corps les stocke sous forme de déchets, qu'il élimine petit à petit. Si le corps ne peut pas venir à bout de ses toxines, il accumule ces déchets, ce qui provoque des troubles de santé et de beauté, tels qu'une peau et des cheveux ternes et l'apparition de cellulite.

Pratiquez un massage des pieds quotidien tout en essayant de supprimer les produits toxiques cités plus haut, pendant au moins deux jours par mois.

Les points de réflexologie se trouvent sur le visage, les mains et les pieds. Reportez-vous au diagramme et insistez sur vos zones sensibles. Si par exemple vous souffrez d'une vessie fragile, insistez sur ce point sur le visage, les mains et les pieds. Si vous travaillez les trois zones pendant au moins 15 minutes chaque jour, vous constaterez une amélioration en l'espace d'une semaine.

Pour faire un massage des pieds, frottez d'abord la plante des pieds avec des mouvements fermes et cadencés. Si votre peau est très sèche, réchauffez quelques gouttes d'huile d'amandes douces entre vos mains et étalez-la. Tirez doucement sur chaque orteil et libérez les articulations par de petits mouvements circulaires. On dit que le gros orteil représente la tête, ainsi vous pouvez soulager une nuque et des épaules raides en massant la base de l'orteil. Tordez le pied des deux mains comme pour essorer un linge humide et tapotez-le doucement pour activer la circulation.

En pratiquant la réflexologie, essayez d'enfoncer vos doigts aussi profondément que possible sur les points douloureux. Utilisez un crayon pour appuyer, si vous n'y arrivez pas avec les doigts. Il est important de pratiquer la réflexologie pendant 10 minutes tous les jours au moins, si vous souhaitez en tirer bénéfice.

Utilisez une brosse à cheveux – celles dont les pointes sont gainées sont parfaites – pour masser pendant 5 minutes le dessus des mains et des pieds, avec des gestes amples, toujours en direction du cœur. Ce massage permet d'activer la circulation et accélère l'élimination des toxines du sang.

Des élastiques enroulés autour des doigts et des orteils améliorent la circulation sanguine. Enroulez les élastiques aussi fortement que possible laissez-les en place 1 à 2 minutes. Faites cet exercice tous les jours, pour chaque doigt et chaque orteil.

Si vous possédez un appareil à masser électrique, utilisez-le pour le visage, les mains et les pieds, en remplacement ou en même temps que les exercices de réflexologie. Utilisez à plein régime pour les mains et les pieds et plus doucement pour le visage.

Dans votre bain ou sous la douche, frottez la plante des pieds et la paume de la main avec une brosse spéciale enduite de savon ou de gel douche. Cela stimulera la circulation, rendra la peau douce, tout en traitant les points réflexes.

La réflexologie – Précautions indispensables

La réflexologie peut s'assimiler à un traitement médical, ne consultez que des praticiens expérimentés, de préférence conseillés par l'Association Internationale de Réflexologie.

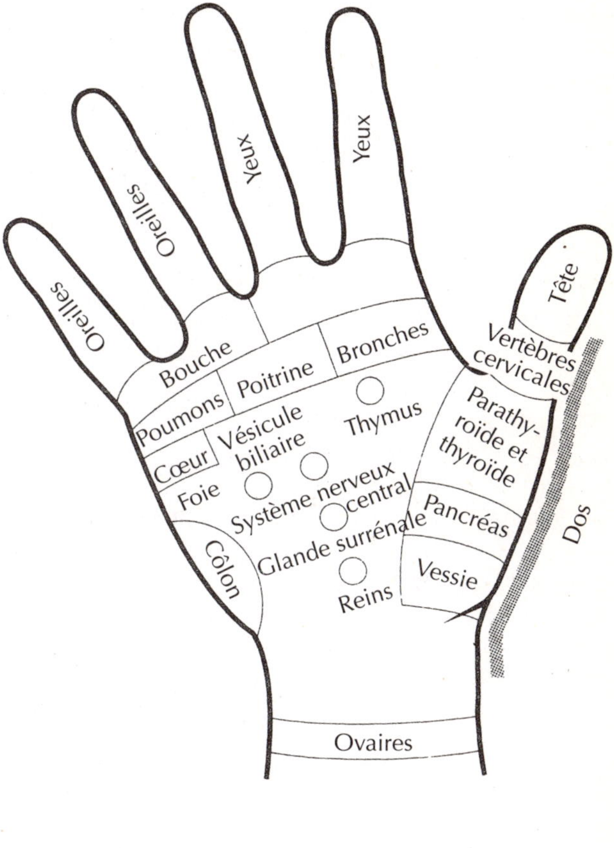

Fig. 16 – Points de réflexologie de la main.

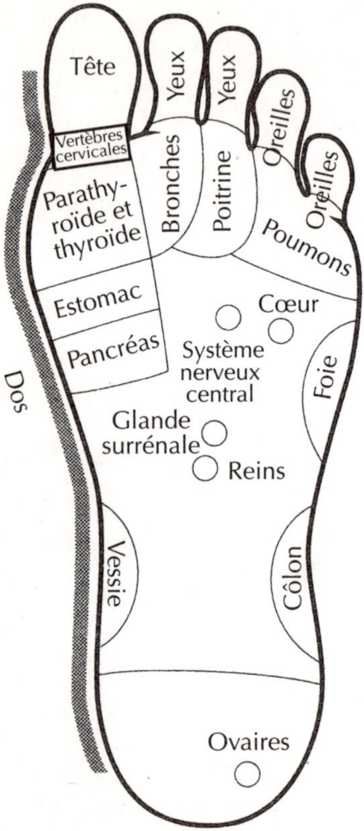

Fig. 17 – Points de réflexologie du pied.

Ne pratiquez pas la réflexologie sur une personne atteinte de thrombose, cela peut provoquer un déplacement du caillot. Nous conseillons également aux épileptiques d'éviter ce type de pratique.

La réflexologie peut mettre en évidence de légers déséquilibres et provoquer des inquiétudes inutiles. Par exemple, bien que les zones concernant les reins et les glandes surrénales soient quelquefois sensibles, cela ne signifie pas qu'elles soient atteintes de troubles particuliers. Les gros buveurs de thé ou de café auront des troubles rénaux, mais la sensibilité du point réflexe disparaîtra dès qu'ils arrêteront leur consommation excessive.

L'aromathérapie

L'aromathérapie est l'art d'utiliser les huiles essentielles diluées dans une huile support (l'huile d'amandes douces ou de germes de blé), pour masser la tête, les épaules, la colonne vertébrale et les pieds. L'aromathérapie agit sur le système nerveux, sur l'odorat et le toucher.

Les huiles essentielles apaisent. Les huiles de lavande et de néroli calment les insomnies. Votre sommeil sera plus réparateur après un léger massage de la peau avec quelques gouttes (diluées), et si vous posez un mouchoir imbibé de quelques gouttes sous votre oreiller.

N'utilisez pas les huiles simplement parce qu'elles sont naturelles et facilement disponibles. Certaines d'entre elles, comme la sauge et le thym, sont extrêmement toxiques; la marjolaine peut être narcotique; la menthe peut rendre somnolent; l'eucalyptus peut provoquer des irritations cutanées. Les huiles de sauge, thym, cannelle et basilic devraient être interdites à la vente.

Les huiles essentielles ont une durée de vie d'un an, deux si on les conserve au réfrigérateur. Le flacon doit être hermétique pour empêcher le mélange des parfums. La plupart des mélanges ont une durée de vie de 3 mois, sauf si l'on a utilisé de l'huile de germes de blé comme support, car elle agit comme un conservateur naturel. N'utilisez jamais une huile trouble ou dont le parfum n'est pas net, car elle est périmée. Conservez les huiles dans un lieu obscur, dans une bouteille bouchée, en verre foncé. Ne les conservez pas à la salle de bains, car elles s'évaporent et tournent dans les atmosphères humides.

Ajoutez quelques gouttes d'huiles essentielles à un bain de vapeur, et faites une inhalation par le nez, qui sera plus efficace. La mandarine est un antidépresseur, la menthe soigne les refroidissements ; l'eucalyptus débouche le nez, les sinus et soigne la gorge.

Vous pouvez utiliser les huiles suivantes en bains de vapeur, sans les inhaler, ou bien diluées dans des huiles de support pour les appliquer sur le visage :

L'huile de germes de blé est excellente pour les peaux sèches ;

L'huile de primevère appliquée le soir a des vertus antirides ;

L'huile d'amandes douces est un bon hydratant ;

L'huile de lavande dans le bain est relaxante et apaisante ;

L'huile de noix de coco donne de bons résultats contre les pellicules et la desquamation du cuir chevelu (laissez reposer et agir pendant une heure, puis lavez soigneusement).

Les mélanges d'huiles

Il n'existe pas de règles fixes pour les mélanges des huiles essentielles. On peut les utiliser seules, mais les aromathérapeutes pensent qu'elles sont plus efficaces lorsqu'elles sont mélangées. N'appliquez jamais une huile essentielle seule sur votre visage, et surtout ne l'ingérez pas. Les huiles essentielles sont concentrées, volatiles et peuvent être dangereuses si on les utilise à mauvais escient. Pour plus d'informations sur la question, je vous conseille la lecture d'ouvrages spécialisés en aromathérapie.

Pour commencer, mélangez toujours des huiles de même type – des herbes (basilic, sauge clarée, lavande, marjolaine et romarin), des agrumes (bergamote, citron et orange), des fleurs (rose, ylang-ylang et camomille) ou des épices (coriandre et gingembre). Le moyen le plus simple et le plus économique de tester les huiles essentielles consiste à en verser quelques gouttes sur une serviette en coton humide ; puis faire son mélange, en respectant toujours les mêmes proportions.

Les mélanges d'huiles

Problèmes	*Huiles essentielles*	*Méthode d'application*
Acné	Camomille, genièvre	Huile faciale, vapeur
Anxiété	Bergamote, camomille	Bain, massage
Arthrite	Camomille, cyprès	Bain, massage
Brûlures	Lavande	En application
Cellulite	Genièvre, cyprès	Bain, massage
Constipation	Rose, marjolaine	Bain, vapeur
Dépression	Bergamote, camomille	Bain, massage
Douleurs musculaires	Lavande, genièvre	Bain, massage
Gingivite	Thé, myrrhe	Bain de bouche
Hypertension	Lavande	Bain, massage
Insomnie	Bergamote, camomille	Bain, massage
Maux de tête	Camomille, lavande	Massage de la tête et du visage

Problèmes	*Huiles essentielles*	*Méthode d'application*
Ménopause	Cyprès, géranium	Bain, massage
Pellicules	Camomille, Genièvre	Massage du cuir chevelu
Piqûres d'insectes	Lavande, thé	En application
Refroidissements, sinusite	Genièvre, eucalyptus	Bain, vapeur
Rhume	Lavande, myrrhe	Bain, massage
Syndrome prémenstruel, douleurs menstruelles	Géranium, genièvre	Massage, bain

Les mélanges d'huiles développent les parfums et augmentent leur effet holistique. Par exemple, si vous souffrez de dépression accompagnée d'insomnie, anxiété et tension musculaire, mélangez une huile antidépressive comme la lavande avec une huile relaxante comme la pomme de pin et une touche d'ylang-ylang pour le moral.

Le tableau ci-dessus indique quelles huiles peuvent être mélangées, dans le but de traiter un certain nombre d'affections mineures. Reportez-vous au chapitre intitulé « L'aromathérapie », à la partie « Précautions à prendre », avant de mélanger les huiles.

Conseils pour le massage

L'aromathérapie peut être pratiquée par votre partenaire, un ou une ami(e), et vous pouvez vous masser les pieds et la tête vous-même.

Utilisez une huile de massage du commerce ou votre huile préférée, et consultez la liste des huiles à utiliser avec prudence avant de commencer.

Attention, vous pouvez aggraver les problèmes de dos par des massages inappropriés.

Ne massez pas les jambes variqueuses, ni les bleus.

Un massage peut étendre une infection et irriter les régions enflammées.

Refusez les massages amincissants : aucun massage ne vous fera perdre du poids. Consultez votre médecin et demandez-lui conseil avant d'entreprendre une cure d'amaigrissement.

L'aromathérapie – précautions à prendre

L'aromathérapie est extrêmement populaire et complète bien les autres thérapies. Les effets conjugués des parfums dégagés par les huiles et du massage sont très agréables.

Néanmoins, avant de consulter un aromathérapeute professionnel ou de pratiquer des massages sur vous-même, prenez conscience des dangers et des limites de cette thérapie. Sachez que n'importe qui peut se proclamer aromathérapeute. Ne consultez que les aromathérapeutes recommandés par la Fédération Internationale des Aromathérapeutes.

Les aromathérapeutes ne doivent jamais conseiller d'ingérer des huiles. Plusieurs cas de mort sont survenus à la suite d'ingestion d'huiles. Elles créent des paliers d'intoxication au bout d'un certain temps, et comme elles pénètrent dans la peau, elles peuvent aisément se diffuser dans le sang et gravement affecter les reins. Ne pratiquez pas l'aromathérapie en cas de chimiothérapie ou de traitement homéopathique, car elles annulent leurs effets. Consultez le tableau pour connaître les huiles à éviter.

L'aromathérapie peut contribuer à éliminer la cellulite, mais le traitement doit être accompagné d'un régime approprié et d'exercice physique. On peut l'accompagner d'un massage stimulant le drainage lymphatique, qui aide à éliminer les toxines. Mais consultez impérativement un aromathérapeute qualifié.

Huiles à utiliser avec prudence

Huile	*Conséquences éventuelles*
Basilic, citron, lemon-grass	Irritations cutanées
Bergamote, cumin, citron	Sensibilité aux rayons UV
Poivre noir, cardamome	Problèmes digestifs et urinaires
Cannelle, fenouil, thym	Irritations et peau sensible
Fenouil, sauge	Accès épileptiques
Sauge	Fausse couche
Sauge, thym	Hypertension

6
Diététique et beauté

Pour avoir une peau en bonne santé, mangez sainement. Favorisez à part égale les légumes verts, les légumes secs et les fruits. Mangez frais, et consommez les plats immédiatement après leur préparation. Souvenez-vous que les légumes crus contiennent plus de nutriments que les légumes cuits.

Buvez au moins six verres d'eau par jour, pour éliminer les impuretés et avoir une peau saine. Les protéines sont indispensables à la constitution du tissu conjonctif qui détermine la bonne santé de la peau. Les vitamines C, A et D, contenues dans les légumes et fruits frais, contribuent au bon équilibre de la peau. D'autres nutriments comme le calcium (excellent pour les dents) et le fer (indispensable à une bonne irrigation de la peau), sont contenus dans la viande, les produits laitiers, et les légumes frais. Ils sont absents dans les plats cuisinés et les aliments congelés.

Lorsque vous préparez vos menus, pensez à vos besoins en matière de diététique pour toute la semaine. Si votre repas du soir est le repas principal de la journée, vous pouvez reprendre les plats suivants chaque semaine : un plat de volaille, deux plats de viande, un plat de poisson, deux plats de légumes et un menu basé sur les légumes secs. L'observation d'un régime végétarien est excellente pour la santé. Les végétariens ou végétaliens peuvent observer les mêmes principes, et remplacer les protéines animales par du soja, du tofu, des légumes secs ou du fromage. Servez des salades fraîches en entrée et des fruits en dessert. Buvez des jus de fruits ou de l'eau minérale plutôt que de l'alcool.

Vous trouverez un menu type pour une semaine. Gardez vos plats élaborés pour le week-end, quand vous avez davantage de temps pour en profiter. Essayez d'alterner les plats simples, à base de légumes verts, secs et de poisson, avec les plats plus lourds à base de volaille et viande.

Menu Type pour une semaine

Lundi : un plat de légumes secs
Mardi : un plat de viande
Mercredi : une pizza
Jeudi : un plat de volaille
Vendredi : un plat de poisson
Samedi : un plat de légumes
Dimanche : un plat de viande avec du riz

La façon de cuisiner et de garnir les plats peut varier à l'infini selon vos goûts, mais en alternant chaque semaine volaille, viande, légumes verts et légumes secs, vous mangerez varié et équilibré, ce qui est le principe de base d'une alimentation saine.

Si vous cuisinez le soir, mangez léger à midi – par exemple un sandwich aux crudités avec de la viande blanche ou rouge, ou du poisson. Ne commettez pas l'erreur de sauter le petit déjeuner : un bon repas chaud est indispensable pour commencer la journée. Il existe un grand nombre de livres de cuisine saine dans le commerce, qui peuvent vous donner des idées.

Pensez à boire six verres d'eau, de préférence minérale, par jour. Évitez les boissons alcoolisées et réduisez votre consommation de thé et de café. Les jus de fruits naturels non sucrés leur sont de loin préférables.

Une alimentation saine

Une vie active ne s'entend pas sans une alimentation saine. Le rythme de vie actuel impose un régime simple et nourrissant permettant de conserver et d'entretenir le potentiel d'énergie dont nous disposons.

Une alimentation saine apporte les besoins élémentaires en protéines, hydrates de carbone, matières grasses en petites quantités, vitamines et sels minéraux. Les aliments traités privent l'organisme des nutriments essentiels et détruisent les vitamines, comme la vitamine D. De plus ils contiennent quelquefois des ingrédients toxiques.

La meilleure façon de manger sainement est de manger les aliments sous leur forme naturelle. Mangez des fruits frais, les conserves et les fruits cuits sont privés de leurs nutriments essentiels. Achetez de la viande de bonne qualité et des légumes frais. Les aliments frais contribuent à l'élaboration des défenses naturelles et réduisent la tendance aux allergies.

La consommation d'aliments frais ne permet pas seulement de consommer de bons aliments, mais permet de supprimer d'emblée la quantité considérable de sucre, sel et autres ingrédients superflus que les fabricants ajoutent aux aliments, sans parler des conservateurs, colorants et arômes divers.

Un régime sans matières grasses ?

Pour éliminer le risque de surcharge pondérale, diminuez les matières grasses que vous consommez. En préparant vos aliments vous-même, vous supprimez les graisses inutiles contenues dans les plats cuisinés. Ces derniers renferment des quantités importantes de graisses, de sel et de sucre dissimulés.

Adoptez les conseils suivants pour être en bonne santé :

* Avec un couteau, supprimez la graisse sur toutes les viandes : volaille, bœuf et mouton. Achetez de la viande maigre, même si elle coûte plus cher. Les viandes bon marché contiennent toujours davantage de graisses. Pour obtenir de façon sûre de la viande hachée maigre, achetez la viande, dégraissez-la puis hachez-la vous-même.

*Cuisez la viande au gril ou au four à micro-ondes afin d'utiliser un minimum de matière grasse. Lorsque la graisse s'est liquéfiée sous l'action de la chaleur, jetez-la. Utilisez de l'huile pauvre en graisses et anti-cholestérol. Épongez les aliments frits sur un papier absorbant avant de les servir.

* Cuisez les aliments à la vapeur pour éviter les matières grasses, préserver les vitamines et les nutriments.

* Utilisez des ingrédients pauvres en matières grasses, comme le beurre ou la margarine allégée.

7
Le maquillage idéal

Les conseils suivants reposent sur mon expérience de maquilleuse professionnelle. Je suis toujours étonnée de constater l'inflexibilité des femmes quant à leurs habitudes de maquillage. Elles n'aiment que rarement essayer des produits, des couleurs et des textures nouveaux, et s'obstinent à perpétrer leurs anciennes façons de faire. La clé d'un bon maquillage réside dans l'expérimentation, et les conseils qui suivent devraient vous permettre de revoir votre trousse de maquillage et vos façons de procéder.

Ne vous maquillez que lorsque c'est absolument nécessaire. Laissez votre peau respirer chaque fois que vous le pouvez. Sachez que les produits de maquillage sont à base de produits chimiques, de parfums, quelquefois de protéines animales, et de sous-produits issus de l'industrie chimique, notamment du pétrole. Avez-vous absolument besoin de vous maquiller lorsque vous allez vous promener ?

Si vous êtes végétarien ou végétalien – ou si la composition des produits vous préoccupe – n'utilisez que des produits conformes à vos convictions et n'achetez que des cosmétiques convenant aux végétariens. Même les produits spécialisés ne garantissent pas leur composition à 100 %. Interrogez les fabricants pour connaître les produits ne contenant pas d'ingrédients d'origine animale. Sachez que de nombreux rouges à lèvres contiennent des sous-produits provenant des abattoirs, comme de la graisse de porc, et de nombreuses crèmes antirides contiennent des protéines animales. Même les produits dits « naturels » peuvent contenir de la lanoline qui est dérivée de la laine de mouton.

La législation européenne rend obligatoire l'indication de la composition des cosmétiques. Les rouges à lèvres peuvent contenir de l'huile de ricin, de la cire d'abeille, de la lanoline, des protéines d'origine animale, de la lécithine, des parfums et des colorants tels que l'oxyde de fer. Pouah ! Tous ces produits dans un seul rouge à lèvres ! La présence de protéines animales est-elle compatible avec les valeurs respectées par les végétariens ?

Tous ces ingrédients sont-ils nécessaires ? À quelle fréquence peut-on les utiliser ? Ne vous maquillez que lorsque c'est absolument indispensable. Votre vie professionnelle vous impose sûrement certaines contraintes, mais à la maison, essayez de vous en passer. Lorsque vous vous maquillez, limitez le nombre de produits que vous utilisez. Choisissez des produits contenant des ingrédients naturels, destinés aux peaux sensibles, et ne contenant ni parfums ni produits irritants.

Si l'on considère le nombre d'ingrédients contenus dans un seul produit, on ne s'étonnera plus des allergies qu'ils peuvent provoquer. Certains produits sont si agressifs, qu'ils attaquent le film protecteur acide de la peau, qui préserve sa douceur et sa souplesse. La peau devient ainsi sujette aux imperfections. Si vous ne pouvez vous en passer, utilisez les produits de maquillage avec parcimonie et appliquez-les avec précaution.

Le maquillage parfait

Le maquillage parfait est impeccablement étalé et symétrique, ne présente aucune ligne de séparation visible et semble naturel. La pratique est le meilleur moyen de bien appliquer un maquillage. C'est en essayant différents genres, couleurs et produits que vous trouverez ce qui vous convient le mieux. Il faut que vous soyez à l'aise. La raison pour laquelle les mannequins sont si magnifiques repose sur le fait qu'elles ont essayé des centaines de maquillages différents, et ont fini par trouver celui qui convient le mieux à leur personnalité.

Souvenez-vous des occasions où l'on vous a fait des compliments. Notez les termes exacts, si vous vous les rappelez. Quelles couleurs aviez-vous utilisées, étaient-elles brillantes ou mates ? Quelles étaient les grandes lignes de votre maquillage ? Souvenez-vous de ce que les autres aimaient en vous. Vous sentiez-vous à l'aise ?

Nous nous sentons toutes mieux avec certaines couleurs. C'est pourquoi, lorsqu'un professionnel vous maquille, vous n'êtes pas toujours satisfaite du résultat. Il ne connaît pas vos préférences, ni pour ce qui concerne le résultat final, ni pour la composition des produits. Les couleurs émettent des quantités d'énergie différentes, qui conviennent plus ou moins bien à la personnalité de chacun, indépendamment de la couleur des yeux, des cheveux et de la peau. Il existe des couleurs chaudes et froides. Le rouge est une couleur chaude qui émet beaucoup d'énergie, le bleu et le gris des couleurs froides, calmes et apaisantes.

L'achat des cosmétiques

Essayez de limiter l'achat de produits « réparateurs ». N'utilisez pas de crème couvrante pour dissimuler les imperfections et préférez les crèmes qui soignent ou les traitements spécifiques, tels que vous les trouverez au chapitre 2. Il n'y a rien de plus néfaste que de porter un masque épais qui empêche la peau de respirer.

Certains fonds de teint et crèmes couvrantes peuvent accentuer les rides et ridules, alors que les crèmes nourrissantes peuvent accentuer les sécrétions de sébum. Si vous avez des cernes noirs, passez plutôt une bonne nuit de sommeil ! S'ils deviennent permanents, ils sont peut-être l'indice d'une déficience nutritionnelle ou d'une maladie. Voyez un médecin plutôt que de continuer à dissimuler le symptôme.

Les poudres servant également de fond de teint permettent d'éviter l'utilisation d'un fond de teint supplémentaire. Elles conviennent bien aux peaux jeunes et saines, mais peuvent vieillir les peaux plus âgées et accentuer les imperfections Certaines peuvent donner l'impression d'une pâte, d'autres d'un film léger. Si vous hésitez, achetez un modèle bon marché, un petit conditionnement ou demandez des échantillons. Certains fabricants de produits chers donnent des échantillons gratuits, demandez-les dans les boutiques spécialisées.

Les rayons cosmétiques et parfumerie des grands magasins ont souvent des échantillons de démonstration, faites des essais et ne vous laissez pas intimider par les vendeuses. Informez-les de vos besoins et problèmes personnels, elles seront toujours de bon conseil.

Comment appliquer le maquillage

Évitez de donner à votre peau un aspect crayeux : mettez un peu de poudre dans le creux de votre main, et appliquez-la doucement avec une houppette. Enlevez l'excédent avec un gros pinceau, en insistant sur les creux du nez et les plis entourant les yeux et le menton.

Pour un fini parfait, appliquez toujours le fond de teint avec une éponge synthétique douce et humide. N'étalez pas le fond de teint avec les doigts, cela favorise le transfert des microbes et les infections. Les éponges naturelles hébergent souvent des bactéries et sont difficiles à nettoyer en profondeur. Lavez votre éponge après chaque utilisation, avec de l'eau chaude savonneuse.

Si vous trouvez que votre maquillage n'a jamais l'air impeccable, essayez les démonstrations gratuites des écoles de maquillage. On vous prodiguera d'excellents conseils et vous pourrez essayer un grand nombre de styles de maquillages et de produits différents.

Pour obtenir la nuance parfaite à partir de votre fond de teint

On trouve une telle variété de qualités et de nuances parmi les fonds de teint du commerce, qu'il est facile de commettre des erreurs. La couleur de votre fond de teint doit se fondre parfaitement avec la couleur de votre propre peau, jusqu'à devenir invisible. Mais il arrive que la couleur de votre fond de teint ne corresponde pas exactement à celle de votre peau. Il est possible d'y remédier.

Le seul moyen d'obtenir la bonne couleur est de faire des essais. Pour commencer choisissez un produit bon marché pour limiter les frais. Certaines marques distribuent des échantillons, mais vous pouvez essayer les produits pour les jeunes, en général plus abordables.

Il vous faudra au moins trois fonds de teint différents pour créer votre propre couleur. Si votre teint est clair, choisissez trois des teintes les plus pâles de la gamme; si vous avez le teint mat, choisissez les teintes les plus foncées, en y ajoutant une teinte plus claire si nécessaire. Si votre teint est intermédiaire, mélangez une teinte claire, une teinte intermédiaire et une teinte foncée toujours dans la même gamme.

Vous pouvez bien sûr mélanger les fonds de teint déjà en votre possession, mais il est possible qu'ils se mélangent difficilement. Par exemple, si l'un des produits est plutôt liquide et l'autre compact, ils peuvent se contrarier mutuellement. C'est pourquoi, tenez-vous à des produits appartenant à la même gamme. Les fonds de teint liquides se mélangent bien entre eux, ils conviennent bien aux peaux grasses et mates, car certains sont absorbants.

Posez les différents produits sur une table, préparez des soucoupes et des cuillères pour faire les mélanges. Équipez-vous d'un carnet et d'un crayon pour prendre des notes. Préparez un flacon transparent dans lequel vous verserez votre préparation.

Essayez toutes les combinaisons possibles, en notant la composition de chacune d'entre elles. Soyez aussi précise que possible dans vos relevés.

Lorsque vous êtes en présence de deux ou trois mélanges différents, étalez-les en larges bandes sur votre joue et mâchoire avec un pinceau. Placez-vous en pleine lumière et définissez avec le maximum de sens critique lequel des mélanges vous convient le mieux.

Si aucun des fonds de teint ne vous convient, refaites les mélanges jusqu'à ce qu'ils s'harmonisent parfaitement avec votre peau. Notez avec exactitude les proportions de chaque fond de teint, puis remplissez-en une bouteille entière. Vous possédez maintenant votre propre fond de teint, en quantité suffisante.

Pour créer de nouvelles couleurs à partir de vos rouges à lèvres

Si vous êtes lassée de vos anciens rouges à lèvres, et n'avez pas les moyens d'en acheter d'autres, ne vous en faites pas. Vous pouvez utiliser plusieurs rouges à lèvres pour créer des centaines de combinaisons et de couleurs différentes. Il vous faut simplement le dos de votre main (pour faire le mélange), un pinceau à lèvres et vos anciens rouges. L'idéal est de posséder une gamme étendue de couleurs, allant du rouge, au rose, orange, brun, doré, violet et prune.

Si vous ne possédez aucune des couleurs de base, demandez à vos amies si elles peuvent vous céder leurs anciens rouges. Plus large sera la gamme dont vous disposez, plus grandes seront vos possibilités. Mélangez simplement les couleurs sur le dos de votre main avec un pinceau à lèvres, en prélevant de petites quantités sur chaque rouge existant, et appliquez la nouvelle teinte directement sur vos lèvres. Vous pouvez faire plusieurs essais avant de vous décider pour une couleur définitive.

Vous pouvez aussi assortir les teintes avec celles de vos vêtements ; par exemple, si vous portez un corsage rose saumon, mélangez du brun et du rose. Si l'une de vos robes contient un certain ton de rouge, rehaussez-le en fabriquant la même teinte de rouge à lèvres.

Des produits convenant aux femmes noires

Les peaux noires ont tendance à changer de couleur, il est difficile de trouver les nuances exactes leur convenant. Les cosmétiques spéciaux pour peaux noires sont souvent décevants, ils sont fréquemment de mauvaise qualité et peu efficaces. De plus, comme ils sont fabriqués en petites quantités, leurs prix sont prohibitifs.

L'une des solutions consiste à rechercher les couleurs un peu particulières dans les produits du commerce. Les grands fabricants commercialisent actuellement des fonds de teint, poudres et poudres teintées qui donnent un faux hâle, ce qui peut être du plus bel effet sur une peau noire. La plupart des gammes contiennent deux ou trois nuances qui s'harmonisent avec l'intensité du hâle. Ainsi si votre peau est très noire, essayez la nuance la plus foncée. Plus votre peau est claire, plus il vous sera facile d'utiliser la plupart des couleurs et produits disponibles sur le marché européen.

Sachez que vos fards à paupières, rouge à lèvres et fard à joues doivent être légèrement plus foncés que votre peau, pour que votre maquillage soit naturel. Cela signifie qu'en cas de peau très noire, vous choisirez des marron foncé, des rouges et si possible des pêche pour avoir l'air naturelle.

Commencez par un bon fond de teint correspondant exactement à la couleur de votre peau. Ne choisissez jamais une couleur plus claire, elle donnerait l'impression que vous portez un masque. À moins d'être très claire, évitez les nuances ivoire et beige pâle, qui ne conviennent qu'aux Européennes. Vous trouverez ci-dessous les meilleurs moyens de confectionner vos propres fonds de teint et poudre, à partir des gammes de produits existants :

• Dans une pièce très éclairée, asseyez-vous face à un grand miroir. Examinez soigneusement votre peau. Quelle en est la couleur dominante ? Observez-vous des nuances de rouge ?

• Prenez trois ou quatre fonds de teint et/ou poudres, parmi les produits les moins chers, allant des plus clairs aux plus foncés, et incluant les « hâles sans soleil ». Faites au moins dix mélanges de couleurs différents.

• Appliquez les mélanges en taches sur les joues et la zone des mâchoires. Examinez-vous en pleine lumière, et sélectionnez la combinaison s'harmonisant le mieux avec votre peau.

Fabriquez une quantité importante du mélange qui vous convient, et remplissez-en une bouteille en verre blanc. Vous êtes ainsi en possession d'un fond de teint qui vous donnera toujours un air « naturel ».

Lorsque vous avez acquis suffisamment d'expérience dans la fabrication des mélanges, vous pouvez passer à des produits plus onéreux, qui sont plus couvrants. Vous pouvez opérer de la même façon pour les poudres, afin de les harmoniser avec votre teint, ainsi que pour les fards à paupières, les fards à joues et bien sûr les rouges à lèvres.

Sachez qu'avec deux ou trois rouges différents vous pouvez obtenir une nuance qui s'harmonisera parfaitement avec la couleur de votre peau.

En mélangeant plusieurs produits, vous pouvez en créer un nouveau qui aura un aspect naturel, plus flatteur qu'un simple produit du commerce. Amusez-vous et inventez des produits nouveaux.

Comment harmoniser la couleur de votre peau avec celle de votre maquillage

Après avoir admiré les maquillages spectaculaires des magazines, avez-vous jamais constaté qu'en les imitant, ils pouvaient devenir particulièrement décevants ? Ils s'accordaient parfaitement avec la peau, les cheveux, les yeux et les traits du modèle, mais pas forcément avec les vôtres.

Seules certaines couleurs conviennent à chaque combinaison de peaux, cheveux et yeux. Pour vous aider à choisir celles qui vous vont, examinez les combinaisons ci-dessous et voyez à laquelle vous appartenez. Les groupes n'ont rien de figé, et vous pouvez passer d'un groupe à l'autre. Essayez les différentes couleurs sur vous-même, et notez celle qui vous convient le mieux. Demandez l'avis d'une personne proche, mais soyez sûre de sa sincérité !

• Groupe 1 : peau mate claire, très sombre ou verdâtre, yeux gris/verts/bruns, cheveux sombres – couleurs de maquillage rose violacé profond, fards à paupières grisâtres, bleus et violets.

• Groupe 2 : peau mate rosée, noir « clair », mate de type asiatique, yeux gris/bleus, cheveux sombres – maquillage dans les roses doux ou mauves, fard à paupières bleu aquatique et vert d'eau.

• Groupe 3 : peau ivoire (rarement noire ou asiatique), yeux verts, cheveux roux – maquillage dans les couleurs cuivrées et pêche doré, fard à paupières vert, brun et vert-brun sombre.

• Groupe 4 : peau ivoire, noir doré, et mate claire de type asiatique, yeux bleus, cheveux blonds – maquillage dans des tons chauds comme les roses corail, rouge vifs, fard à paupière dans les jaunes, roses, bleus et verts.

Problèmes impossibles à dissimuler avec un simple maquillage

Il existe des imperfections, qu'aucun maquillage, même parfait, et appliqué par un professionnel, ne parviendra à dissimuler. Votre visage est un excellent indicateur de votre état général. Vous ne pouvez pas être belle si vous n'êtes pas en bonne santé. Les terminaisons nerveuses réparties sous votre peau font apparaître vos carences sur votre visage.

Le stress et la pollution, qui ont un effet sur votre santé, laissent des marques sur votre visage, visibles de tous. Aucun maquillage, aussi adroit soit-il, ne parviendra à dissimuler ces rides et ridules, ni l'état de santé sous-jacent. Il vous suffit de vous rendre dans un hôpital pour vous rendre compte que les techniques de maquillage les plus raffinées ne peuvent donner aux malades l'air d'être en bonne santé, même si, en revanche, elles peuvent donner meilleure mine et une certaine assurance.

Le stress et la maladie affectent tout votre corps, et ainsi votre visage. Toute maladie se manifeste à travers les terminaisons nerveuses situées sous la peau du visage. On peut affirmer qu'une vilaine peau est liée à des problèmes de santé. Une peau sujette aux boutons ou autres problèmes peut l'être en raison du stress, ou de problèmes digestifs et d'élimination. Un teint trouble peut provenir d'un problème intestinal. Plutôt que de dissimuler ces imperfections, consultez un médecin et traitez cette question à la racine.

De même, les cernes noirs autour des yeux n'indiquent pas toujours un manque de sommeil. Ils peuvent provenir d'une déficience alimentaire, ou ils peuvent simplement être héréditaires. Vérifiez avec votre médecin avant d'accumuler les crèmes destinées à les dissimuler.

Le maquillage ne peut pas dissimuler une image de soi déficiente, qui s'est construite au fil des années et plus particulièrement pendant l'enfance. En appliquant les traitements conseillés dans cet ouvrage, vous progresserez vers une meilleure image de vous. Un maquillage mal fait peut cependant renforcer les défauts. Si vous avez de petits yeux, vous aurez tendance à trop les maquiller. Mais cela attirera l'attention sur leur petite taille, plutôt que de les faire paraître plus grands. Un trait noir épais, mal appliqué, les fera paraître plus petits. L'idée est de rehausser chaque trait de votre visage de façon harmonieuse, en accentuant les aspects positifs – des lèvres charnues par exemple – et d'en estomper les négatifs – des petits yeux, par exemple.

Le maquillage ne peut pas dissimuler les traits très accentués. Il existe une technique d'application du fond de teint utilisant les ombres et la lumière permettant de rehausser les qualités et de dissimuler les défauts. Cette théorie est parfaite en principe, mais difficile à mettre en pratique. Il est facile de commettre des erreurs, et d'aboutir à un aspect artificiel. Il peut même arriver que vous dissimuliez les traits que vous vouliez mettre en valeur. Oubliez ces techniques, et concentrez-vous sur ce que vous possédez de positif. Par exemple, si vous avez de jolis yeux, passez un peu plus de temps à les mettre en valeur.

Certaines personnes possèdent des marques de naissance, comme des taches de vin, sur des parties visibles du corps et du visage. L'utilisation d'un maquillage pour les dissimuler nécessite une certaine expérience. Plutôt que de les recouvrir, consultez un médecin qui pourra vous indiquer un spécialiste, à même de vous conseiller sur les produits appropriés et les manières de pratiquer.

Comme nous venons de le voir, l'utilisation d'un maquillage est quelquefois limitée. J'espère que cela ne vous découragera pas et que vous prendrez du plaisir à faire des essais. N'oubliez pourtant jamais que si vos problèmes ne sont pas simplement superficiels – c'est-à-dire exclusivement limités à la peau – il faudra en chercher les raisons profondes, plutôt que de chercher à les dissimuler par des maquillages qui seront toujours insatisfaisants.

Annexe 1 : l'épilation naturelle

Au Moyen-Orient il est courant d'épiler entièrement le corps de la mariée avant la cérémonie. Pour cela on utilise exclusivement des produits naturels, comme l'eau, le sucre, le jus de citron et le miel.

La méthode la plus répandue est à base de sucre. On fait doucement chauffer l'eau et le sucre, les proportions dépendant des préférences de l'utilisateur. La méthode est un peu difficile à mettre au point, mais vous compenserez le temps passé par des économies substantielles. Votre peau sera douce, lisse et épilée pour une durée de huit semaines, au moins.

Méthode simple : mélangez dans une casserole 1 cuil. à soupe (20 ml) d'eau avec 1 cuil. à soupe (20 ml) de sucre semoule. Chauffez à feu doux. Lorsque le sucre a fondu et que le liquide a la consistance du miel, laissez légèrement refroidir, jusqu'à température du corps. Appliquez le mélange avec une cuillère en bois ou une spatule. Faites adhérer en appuyant avec vos mains ou un linge en coton. Laissez prendre, puis enlevez avec les mains ou en soulevant le linge en coton. Tirez en sens contraire de la pousse des poils. Rincez à l'eau froide.

Vous pouvez varier les proportions de sucre et d'eau, tout dépend de la consistance qui vous conviendra le mieux. Lorsque vous vous serez familiarisée avec cette technique, vous pourrez fabriquer des quantités plus importantes. Au début cette méthode vous paraîtra un peu compliquée et collante, mais petit à petit elle vous amusera, et vous prendrez même un certain plaisir. De plus, elle donnera à votre peau un bel éclat.

Vous pouvez aussi chauffer le jus d'un petit citron ou d'un demi-citron avec 10 cuil. à soupe (200 ml) de sucre semoule. Chauffez pour faire fondre le sucre et procédez comme précédemment. Cette technique pourra vous paraître plus facile à mettre en œuvre.

Pour les peaux sèches, mélangez 1 cuil. à soupe (20 ml) d'eau, 1 cuil. à soupe (20 ml) de sucre, 2 cuil. à café (10 ml) de jus de citron et 1 cuil. à café (5 ml) de miel. Faites chauffer pour dissoudre le sucre, et procédez comme ci-dessus. Les vertus hydratantes du miel adoucissent la peau.

Si vous rasez vos jambes, sachez qu'il faudra recommencer tous les trois ou quatre jours, et vous aurez des poils piquants. Les méthodes ci-dessus permettent d'éviter ce type d'inconvénient. Mais quelle que soit la méthode utilisée, faites également des gommages, qui vous feront la peau douce et lisse.

Si vous souhaitez une méthode très efficace, investissez dans un appareil électrique, qui agit comme une pince à épiler et arrache les poils à la racine. Cela évite l'apparition de poils durs et empêche leur repousse pendant six semaines. Au début cela pourra vous paraître douloureux, mais vous vous y habituerez. Si vous souffrez trop, passez un gant imprégné d'eau glacée sur la peau pour la désensibiliser, et tendez-la bien pendant que vous vous épilez.

Annexe 2 : le traitement de la cellulite

Les traitements onéreux, les gels et divers appareils ne sont pas indispensables pour supprimer la cellulite. En respectant les conseils suivants, vous ne paierez pas un sou. Soyez persévérante, pratiquez le traitement de façon quotidienne et soyez patiente : les résultats seront rapidement visibles.

Pour suivre vos progrès, prenez vos mensurations avant de commencer : taille, hanche, cuisses et bras, aux endroits les plus charnus (l'aide d'une tierce personne peut vous être utile). Notez-les dans un carnet en indiquant la date. Si vous faites le traitement tous les jours, notez vos mensurations toutes les semaines. Vous les verrez rapidement diminuer. Même si elles ne diminuent pas, vous constaterez une amélioration dans la fermeté et la texture de votre peau.

Surveillez votre régime, pour ne pas consommer de graisses inutiles. Pesez-vous, chaque fois que vous prenez vos mensurations. L'élimination des toxines devrait également vous permettre de perdre du poids. Faites de l'exercice, du jogging, du vélo, de la natation, cela vous aidera également à déloger les excès de cellulite.

Frottez quotidiennement la peau avec une brosse avant le bain, cela activera la circulation du sang ainsi que le drainage lymphatique. Vous éliminerez ainsi plus facilement les toxines, qui sont responsables des zones de cellulite tenace.

Achetez une bonne brosse ferme et commencez aux hanches. Faites des gestes amples, toujours en direction du cœur. Faites des mouvements circulaires et appuyez davantage sur les zones de cellulite récalcitrante.

Après 5 à 10 minutes de brossage quotidien, prenez un bain ou une douche. Votre peau sera plus douce, car le brossage élimine les cellules mortes, active la circulation du sang et améliore l'état général de la peau. Associez au brossage le massage ci-dessous, pour obtenir un résultat optimal.

Technique de massage

Massez la cellulite du bout des doigts, comme si vous pétrissiez de la pâte. Les zones de cellulite sont dures, appuyez aussi profondément que possible avec vos doigts. Maintenez la pression 10 secondes, puis relâchez pendant 5 secondes.

Obligez-vous à masser les endroits tenaces quotidiennement, au moins 10 minutes. Ces zones devraient devenir de moins en moins dures et de moins en moins nombreuses. Si vous possédez un appareil électrique, massez-vous tous les jours. Les appareils vibrants détendent et contractent les muscles, contribuant ainsi à l'élimination des toxines, et donc de la cellulite.

Les massages des pieds permettent de stimuler l'ensemble des fonctions d'élimination (le sang, les reins, le foie et les ganglions lymphatiques), afin d'éliminer les toxines provenant de l'alimentation, de la pollution et du fonctionnement général du corps.

Annexe 3 :
pour une meilleure image de soi

L'image que vous avez de vous-même vous vient de votre enfance, et vous accompagne jusqu'à l'âge adulte. Si elle ne vous satisfait pas, vous pouvez l'améliorer par des exercices de relaxation, méditation ou votre imagination.

La relaxation

Une image de soi peu satisfaisante se traduit par un corps tendu, raide, et une posture voûtée. Le corps exprime le manque d'harmonie intérieure. Par des exercices de relaxation, vous pouvez vous débarrasser du manque d'estime de vous-même.

Fermez les rideaux, débranchez le téléphone, allongez-vous parterre dans une pièce sombre, et ne répondez à personne. Éliminez toute source de bruit. Inspirez calmement en développant votre poitrine au maximum. Retenez votre souffle pendant quelques secondes, et expirez lentement. Recommencez pendant une dizaine de minutes au moins. Vous vous sentirez immédiatement mieux.

La méditation

La méditation prolonge les exercices de relaxation. Allongez-vous ou asseyez-vous, les jambes en tailleur. Contrôlez votre respiration et, à chaque inspiration et expiration, murmurez un mot bref. Lors des exercices de méditation, on prononce généralement « OM ». Faites-le pendant 30 minutes, vous entrerez dans un état proche de la transe. Le but de la méditation est de débarrasser l'esprit du bavardage interminable et généralement inutile que nous entretenons à l'intérieur de nous-mêmes, contenant souvent des pensées négatives. En répétant le même mot, vous permettez à votre esprit de se reposer, vous injectez de nouvelles énergies et vous ouvrez des perspectives positives.

L'imagination

L'imagination est une technique puissante, utilisant les pouvoirs de l'esprit, pour améliorer votre représentation de vous-même. Détendez-vous, comme précédemment et pensez à un « moi » idéal. Rendez l'image aussi vivante que possible. Faites travailler votre imagination pour l'intégrer. Utilisez la force de votre esprit pour faire coïncider les deux images, vous verrez qu'il n'existe pas une grosse différence. Utilisez cette technique pour triompher de toutes les années de conditionnement négatif, et pour faire correspondre l'image que vous avez de vous-même avec votre « moi » idéal.

Bien-être, des livres qui vous font du bien

Psychologie, santé, sexualité, vie familiale, diététique... : la collection Bien-être apporte des réponses pratiques et positives à chacun.

Psychologie

Thomas Armstrong

Sept façons d'être plus intelligent - n° 7105

Anne Bacus & Christian Romain

Libérez votre créativité ! - n° 7124

Simone Barbaras

La rupture pour vivre - n° 7185

Martine Barbault & Bernard Duboy

Choisir son prénom, choisir son destin - n° 7129

Deirdre Boyd

Les dépendances - n° 7196

Nathaniel Branden

Les six clés de la confiance en soi - n° 7091
Maître de ses choix, maître de sa vie - n° 7127

Sue Breton

La dépression - n° 7223

Jack Canfield et Mark Victor Hansen

Bouillon de poulet pour l'âme - n° 7155

Richard Carlson

Ne vous noyez pas dans un verre d'eau - n° 7183
Ne vous noyez pas dans un verre d'eau... en famille ! - n° 7219

Steven Carter & Julia Sokol

Ces hommes qui ont peur d'aimer - n° 7064

Chérie Carter-Scott

Dix règles pour réussir sa vie - n° 7211

Loly Clerc

Je dépense, donc je suis ! - n° 7107

Guy Corneau

N'y a-t-il pas d'amour heureux ? - n° 7157

Lynne Crawford

La timidité - n° 7195

Christophe Fauré

Vivre le deuil au jour le jour - n° 7151

Daniel Goleman

L'intelligence émotionnelle - n° 7130
L'intelligence émotionnelle 2 - n° 7202

Nicole Gratton

L'art de rêver - n° 7172

John Gray

Les hommes viennent de Mars, les femmes viennent de Vénus - n° 7133
Une nouvelle vie pour Mars et Vénus - n° 7224

Marie Haddou

Savoir dire non - n° 7178

Sam Keen

Être un homme - n° 7109

Barbara Killinger

Accros du boulot - n° 7116

Jean-Claude Liaudet

Dolto expliquée aux parents - n° 7206

Dr Gérard Leleu

La Mâle Peur - n° 7026
Amour et calories - n° 7139

Christine Longaker

Trouver l'espoir face à la mort - n° 7179

Bernard Martino

Le bébé est une personne - n° 7094

Alan Loy McGinniss

Le pouvoir de l'optimisme - n° 7022

Pia Mellody

Vaincre la dépendance - n° 7013

Yannick Noah

Secrets, etc. - n° 7150

Robin Norwood

Ces femmes qui aiment trop – 1 - n° 7020
Ces femmes qui aiment trop – 2 - n° 7095

Vera Peiffer

Soyez positifs ! - n° 7118

Xavier Pommereau

Quand l'adolescent va mal - n° 7147

Anthony Robbins

Pouvoir illimité - n° 7175

Henri Rubinstein

La dépression masquée - n° 7214

Jacques Salomé

Papa, maman, écoutez-moi vraiment - n° 7112
Apprivoiser la tendresse - n° 7134

Barbara Sher et Barbara Smith

Vous êtes doué et vous ne le savez pas - n° 7141

Elaine Sheehan

Anxiété, phobies et paniques - n° 7213

Deborah Tannen

Décidément, tu ne me comprends pas ! - n° 7083

Nita Tucker

Le grand amour pour la vie - n° 7099

Isabelle Yhuel

Mère et fille, l'amour réconcilié - n° 7161
Quand les femmes rompent - n° 7201

Rika Zaraï

Ces émotions qui guérissent - n° 7114

Santé

Joanna Bawa

Santé et ordinateur : le guide quotidien - n° 7207

Dr R. Aron-Brunetière

La beauté et les progrès de la médecine - n° 7006

Dr Martine Boëdec

L'homéopathie au quotidien - n° 7021

Dr Jacques Boulet

Se soigner par l'homéopathie - n° 7165

Julia Buckroyd

Anorexie et boulimie - n° 7191

Dr Jean-Pierre Cahané & Claire de Narbonne

Nourritures essentielles - n° 7168

Chantal Clergeaud

Un ventre plat pour la vie - n° 7136

Dr Julien Cohen-Solal

Comprendre et soigner son enfant – I - n° 7096
Comprendre et soigner son enfant – II - n° 7097

Bruno Comby

Tabac, libérez-vous ! - n° 7012

Dr Lionel Coudron

Stress, comment l'apprivoiser - n° 7027
Mieux vivre par le yoga - n° 7115

Dr J.G. Drevet & Dr C. Gallin-Martel

Bien vivre avec son dos - n° 7002

Dr David Elia

Comment rester jeune après 40 ans
Version hommes - n° 7110
Version femmes - n° 7111
Le bonheur à 50 ans - n° 7184

Pierre Fluchaire

Bien dormir pour mieux vivre - n° 7005
Plus jamais fatigué ! - n° 7015

Henri Loo & Henri Cuche

Je suis déprimé mais je me soigne - n° 7009

Dr E. Maury

La médecine par le vin - n° 7016

Maurice Mességué

C'est la nature qui a raison - n° 7028

Dr Sylvain Mimoun

Des maux pour le dire - n° 7135

Stewart Mitchell

Initiation au massage - n° 7119

Peter Mole

L'acupuncture - n° 7189

Pierre Pallardy

Les chemins du bien-être - n° 7001
La forme naturelle - n° 7007
Le droit au plaisir - n° 7063

Jean-Louis Pasteur

Toutes les vitamines pour vivre sans médicaments - n° 7081

Jean-Yves Pecollo

La sophrologie - n° 3314
La sophrologie au quotidien - n° 7101

Vicki Pitman

La phytothérapie - n° 7212

Dr Hubert Sacksick

Les hormones - n° 7205

Jon Sandifer

L'acupression - n° 7204

Debbie Shapiro

L'intelligence du corps - n° 7208

Sidra Shaukat

La beauté au naturel - n° 7222

Dr Bernie S. Siegel

Vivre la maladie - n° 7131

Rochelle Simmons

Le stress - n° 7190

Dr Nadia Volf

Vos mains sont votre premier médecin - n° 7103

Andrew Weil

Le corps médecin - n° 7210
Huit semaines pour retrouver une bonne santé - n° 7193

Diététique

Agnès Beaudemont-Dubus

La cuisine de la femme pressée - n° 7017

Marie Binet & Roseline Jadfard

Trois assiettes et un bébé - n° 7113

Dr Alain Bondil & Marion Kaplan

Votre alimentation - n° 7010
L'alimentation de la femme enceinte et de l'enfant - n° 7089
L'âge d'or de votre corps - n° 7108

Sonia Dubois

Maigrissons ensemble ! - n° 7120
Restons minces ensemble ! - n° 7187

Annie Hubert

Pourquoi les Eskimos n'ont pas de cholestérol - n° 7125

Dr Catherine Kousmine

Sauvez votre corps ! - n° 7029

Marianne Leconte

Maigrir - Le nouveau bon sens - n° 7221

Colette Lefort

Maigrir à volonté - n° 7003

Michel Montignac

Je mange donc je maigris ! - n° 7030
Recettes et menus Montignac - n° 7079
Comment maigrir en faisant des repas d'affaires - n° 7090
La méthode Montignac Spécial Femme - n° 7104
Mettez un turbo dans votre assiette - n° 7117
Je cuisine Montignac - n° 7121
Restez jeune en mangeant mieux - n° 7137
Recettes et menus Montignac (2) - n° 7164
Boire du vin pour rester en bonne santé - n° 7188

Lionelle Nugon-Baudon

Toxic-bouffe Le dico - n° 7216

Philippe Peltriaux et Monique Cabré

Maigrir avec la méthode Peltriaux - n° 7156

Nathalie Simon

Mangez beau, mangez forme - n° 7126

Thierry Souccar

La révolution des vitamines - n° 7138

Sexualité

Dr Éric Dietrich & Dr Patrice Cudicio

Harmonie et sexualité du couple - n° 7061

Céline Gérent

Savoir vivre sa sexualité - n° 7014

Françoise Goupil-Rousseau

Sexualité : réponses aux vraies questions des femmes - n° 7025

John Gray

Mars et Vénus sous la couette - n° 7194

Barbara Keesling

Comment faire l'amour toute la nuit - n° 7140
Le plaisir sexuel - n° 7170

Brigitte Lahaie

Les chemins du mieux-aimer - n° 7128

Dr Gérard Leleu

Le traité des caresses - n° 7004
Le traité du plaisir - n° 7093
Le traité du désir - n° 7176

Dagmar O'Connor

Comment faire l'amour à la même personne... pour le reste de votre vie - n° 7102

Jean Paccalin

Une pilule nommée désir - n° 7180

Vie familiale

Etty Buzyn

Papa, maman, laissez-moi le temps de rêver - n° 7132

Béatrice Cakiroglu

Les droits du couple - n° 7018

Roberta Cava

Réussir et être heureuse au travail - n° 7082

Françoise Civeyrel

Consommez bien. Dépensez mieux - n° 7098

Dr Julien Cohen-Solal

Être heureux à l'école ? - n° 7173
Les deux premières années de la vie - n° 7203

Carolyn Cowan et Philip A. Pape Cowan

1+1 = 3 - n° 7065

Brian A. Grosman avec Allan Reznik

Protégez votre emploi - n° 7085

Brigitte Hemmerlin

Maman Solo - n° 7100

Vicki Iovine

Grossesse, le guide des copines - n° 7176

Hélène de Leersnyder

Laissez-les faire des bêtises - n° 7106

Gerry Marino & Francine Fortier

La nouvelle famille - n° 7122

Anne-Marie Mouton

500 conseils pour réussir votre grossesse - n° 7023

Jocelyne de Rotrou

La mémoire en pleine forme - n° 7087

Nancy Samalin

Savoir l'entendre, savoir l'aimer - n° 7062
Conflits parents-enfants - n° 7198

Dr Marie Thirion

Les compétences du nouveau-né - n° 7123

Chantal de Truchis-Leneveu

L'éveil de votre enfant - n° 7146

Marie-France Vigor

Enfants : comment répondre à leurs questions ! - n° 7011

Cuisine

Paul Bocuse

Bocuse dans votre cuisine - n°7145

Jean-Pierre Coffe

Comme à la maison (1) - n°7148
Le marché - n°7154
Au bonheur des fruits - n°7163
Comme à la maison (2) - n°7177

Christine Ferber

Mes confitures - n°7162
Mes tartes sucrées et salées - n°7186

Nadira Hefied

130 recettes traditionnelles du Maghreb - n°7174

Peta Mathias

Fêtes gourmandes - n°7200

Marie Rouanet

Petit traité romanesque de cuisine - n°7159

Denise Verhoye

Les recettes de Mamie - n°7209

Loisirs

Sonia Dubois & Marielle Couësmes

La couture - n°7144

Harmonies

Karen Christensen

La maison écologique - n°7152

Karen Kingston

L'harmonie de la maison par le Feng Shui - n°7158

Marjorie Harris

Un jardin pour l'âme - n°7149

Jean Vernette

Les nouvelles thérapies - n°7220

Christine Wildwood

L'aromathérapie - n°7192

Nature

John Fisher

Comprendre et soigner son chien - n°7160

Daniel Gélin

Le jardin facile - n°7143

Louis Giordano

Aux jardiniers débutants 500 conseils et astuces - n°7215

Jean-Marie Pelt

Des fruits - n°7169
Des légumes - n°7217

Roger Tabor

Comprendre son chat - n°7153

Bien-être

7222

Composition Chesteroc International Graphics
Achevé d'imprimer en Europe (France)
par Maury-Eurolivres – 45300 Manchecourt
le 27 avril 2001.
Dépôt légal avril 2001. ISBN 2-290-31049-2

Éditions J'ai lu
84, rue de Grenelle, 75007 Paris
Diffusion France et étranger : Flammarion